Tsvia Walden-Peres

Die Sprache des Friedens

Tsvia Walden-Peres
mit Caroline Glorion

Die Sprache des Friedens

Meine israelische Geschichte

Aus dem Französischen von
Jutta Deutmarg

Die Originalausgabe erschien unter dem Titel
Parole d'Israélienne
bei Plon, Paris.

Die Deutsche Bibliothek – CIP-Einheitsaufnahme
Walden, Tsvia:
Die Sprache des Friedens : meine israelische Geschichte / Tsvia Walden-Peres mit Caroline Glorion. Aus dem Franz. von Jutta Deutmarg. – Kreuzlingen ; München : Hugendubel, 2002
(Diederichs)
Einheitsacht.: Parole d'Israélienne <dt.>
ISBN 3-7205-2333-0

Umschlaggestaltung: Eisele Grafik-Design, München,
unter Verwendung eines Fotos von Davia Adika
Produktion: Maximiliane Seidl
Satz: EDV-Fotosatz Huber/Verlagsservice G. Pfeifer, Germering
Druck und Bindung: GGP Media, Pößneck
Printed in Germany

ISBN 3-7205-2333-0

Inhalt

Israel, erzählt von einer Frau 7

Vorwort 9

Das erste hebräische Kind 11

Der Kibbuz Alumot 17

Meine Kindheit als kleine Leseratte 27

Unser Holocaust:
Das Verstummen der Sprache 49

Auf dem Gymnasium:
Eine gezähmte Schülerin 63

In der Armee: Einfache Soldatin 69

Vom kleinen Israel ins große Paris 79

Rückkehr in ein verändertes Land 89

Die Kriege: Der Traum ist ausgeträumt 107

Kleine Schritte Richtung Frieden 127

Hebräisch – die gelobte Sprache auf heimatlichem Boden 151

Widersprüche und Kompromisse 173

Epilog 175

Danksagung 179

Chronik 181

Literatur 185

Karten 187

Israel, erzählt von einer Frau

Vorwort

Mit diesem Buch lade ich Sie ein, einem Land zuzuhören, das von einer Frau »erzählt« wird. Ich bin keine Historikerin, ich liefere Ihnen vielmehr einen Bericht der Geschichte Israels, wie ich sie erlebt habe.

Zwischen der Mittelmeerküste und den Ufern des Jordans erstreckt sich ein Land, das einmal versprochen und mehrfach geteilt wurde. Dort, auf dem Boden Israels, wurde ich im Oktober 1946 geboren – in einem Kibbuz im unteren Galiläa. Ich bin also eine echte Israelin. Im selben Jahr kamen drei meiner besten Freunde zur Welt: Taksi, Jaki und Yuval. Sie wären im Jahr 2002, wie ich, sechsundfünfzig Jahre alt geworden, wenn für sie die Zeit nicht mitten auf dem Weg stehen geblieben wäre. Im Krieg von 1973 wurden alle drei innerhalb eines Monats getötet. Im Alter von siebenundzwanzig Jahren.

Auf diesem Boden wurde zwei Jahre nach meiner Geburt ein neuer Staat errichtet, der einzige, in dem die Juden die Mehrheit bilden: der Staat Israel. Mein Alltagsleben und das meiner Familie ist eng mit der Geschichte dieses Staates verbunden. Hebräisch – die Sprache, in der die Bibel geschrieben wurde – ist meine Muttersprache. Es war nicht die Sprache meines Vaters und auch nicht die meiner Mutter. Vor hundert Jahren sprach noch niemand Hebräisch als Muttersprache.

Das erste hebräische Kind

»Innerhalb der Stadtmauern von Jerusalem erblickte ich am 15. Aw 5642 nach dem jüdischen Kalender das Licht der Welt. Also im Jahr 1885 – ich, der Erstgeborene von Eliezer Ben Jehuda und Deborah, geborene Jonas.«*

Mit diesen Worten schildert Ithamar Ben Avi seine Geburt in seiner bedeutenden autobiographischen Erzählung, einem der schönsten Texte, die ich je gelesen habe. Das Buch, das ihn enthält, ist 1961 erschienen, aber ich habe es erst 1975 entdeckt, mehr als vierzig Jahre nach dem Tod des Autors. Sein Vater, Eliezer Ben Jehuda (1858–1922), ist eine der bekanntesten Persönlichkeiten in der Geschichte der Wiederbelebung des Hebräischen, ein faszinierender Mann, der für Unruhe gesorgt hat, der von den einen verehrt und von den anderen be-

---

* Aw ist der elfte Monat des im Herbst beginnenden jüdischen Kalenders und entspricht etwa Juli/August. (A.d.Verl.)

schimpft wird. Man nennt ihn den Erneuerer der hebräischen Sprache. Über diese Bezeichnung lässt sich zweifellos streiten, aber er hat sie wohl verdient. Und zwar aufgrund der beiden großen Projekte, die er durchgeführt hat: Er hat das erste Wörterbuch des Neuhebräischen in Angriff genommen, und er hat aus seinem Sohn das erste Kind gemacht, dessen Muttersprache Hebräisch war. Seine private Lebensgeschichte ist untrennbar mit der Erneuerung der gesprochenen Sprache verbunden.

1878 veröffentlichte er einen Artikel, in dem er die Juden aufrief, in ihr Land zurückzukehren und dort die hebräische Sprache zu neuem Leben zu erwecken. »Wir Hebräer sind in der glücklichen Lage, eine Sprache zu besitzen, in der wir jetzt schreiben können, was wir wollen.« Voller Leidenschaft beschloss er, seine eigene Familie in eine Art lebendes Labor zu verwandeln, in dem er seine Ideen in die Praxis umsetzen und beweisen konnte, dass sein Traum realisierbar war. Er wählte für seinen Sohn den Namen Ben Zion (»Sohn des Zion«). Später änderte sein Sohn diesen Namen und nannte sich Ithamar Ben Avi. Dieser Name hat zwei Bedeutungen: Im Hebräischen nimmt »Avi« die Anfangsbuchstaben des väterlichen Namens auf, aber »Ben Avi« heißt an sich auch »Sohn meines Vaters«.

Um zu beweisen, dass man »in die hebräische Sprache hineingeboren« werden kann, ging Ben Jehuda so weit, dass er seinen Sohn vollkommen von seiner Umgebung isolierte. »Wenn neugierige

Besucher kamen, die das ›Wunder‹ sehen wollten, wie eine Mutter in der heiligen Sprache mit ihrem Neugeborenen sprach, verlangte mein Vater, dass man mich zum Schlafen brachte. Meine Ohren sollten auch nicht den geringsten Laut der fremden Sprachen aufnehmen, in denen die Gäste, die aus so vielen verschiedenen Ländern kamen, sich miteinander unterhielten. In jeder freien Minute las mein Vater neben meiner Wiege laut aus der Bibel vor, damit mein Gehör sich an den Klang und die Syntax des Hebräischen gewöhnte.«

Der Vater, der ganz entschieden für seine Überzeugung kämpfte, verbot seiner Frau strengstens, dem Kind Wiegenlieder vorzusingen, weil sie nur russische kannte. Mit drei Jahren sprach Ithamar noch kein einziges Wort. Die Freunde seines Vaters warnten ihn: »Und was machst du, wenn dein Sohn sein Leben lang ein ›Idiot‹ bleibt? Das wäre das ›Opfer Isaaks‹ in einer modernen Fassung – aber diesmal wird ihm kein göttlicher Engel zu Hilfe eilen …« Was dann? »In diesem Fall«, antwortete mein Vater seinerseits, »werde ich das Experiment mit meinem zweiten Sohn, meinem dritten, dem vierten usw. fortführen, bis ich es geschafft habe!« Meine Mutter zitterte, als sie diese Worte hörte und wurde fast ohnmächtig.«

An einem Wintertag verließ Eliezer Ben Jehuda Jerusalem, um nach Tel Aviv zu reisen. »Während der Abwesenheit meines Vaters, als sie ganz auf sich gestellt war und nur ihren ›stummen‹ Sohn zur

Gesellschaft hatte, wurde das Heimweh meiner Mutter so stark, dass die seelische Not schließlich überhand nahm. Sie drückte mich fest an sich und aus ihrem wunden Herzen strömten die vergessenen Melodien jenes fernen Landes im Norden, die Klänge ihrer russischen Heimat.« In Jerusalem schneit es sehr selten, aber an diesem Tag war es so kalt geworden und der Wind wehte so heftig, dass der Vater beschloss, umzukehren. Zu Hause ertappte er seine Frau dann bei der Übertretung seines Verbotes. »Sie sang gerade ein russisches Lied, als mein Vater hereinkam, dessen Rückkehr sie nicht bemerkt hatte. Er war zutiefst erschüttert. Ohne seine Reisekleidung abzulegen, mit seinem Mantel und den mit Schlamm verschmutzten Schuhen brüllte er meine Mutter an: »Was hast du getan? Alles, was wir in diesem ersten hebräischen Haus gemeinsam aufgebaut haben, hast du in einem einzigen Tag zerstört! Russisch in unserem Haus, und das in Gegenwart unseres Erstgeborenen! Russisch! Russisch! Russisch!«

Ithamar bewies nun, dass er tatsächlich der erste Hebräer war: »Als ich sah, wie mein Vater vor Wut kochte und meine Mutter jammerte wie ein kleines Kind, das bei einem schlimmen Streich erwischt wird, fasste ich in meinem kleinen Gehirn alles zusammen, was sich in diesem Haus abspielte. Ich warf mich gegen meinen Vater und schrie: ›Aba!‹ *Aba*, Sie ahnen es bereits, ist das hebräische Wort für ›Papa‹.«

Als ich Ithamars Erzählung zum ersten Mal las, hatte ich gerade entbunden. Nie zuvor hatte ich bei einer Geburt an Isaaks Opfer gedacht. Ich erinnere mich noch, was mir durch den Kopf ging: »Welch gute Idee für ein dreijähriges Kind, als Ausdruck seines Protestes einfach zu schweigen!« Mir persönlich wäre das sehr schwer gefallen, ich rede viel zu gern und bin viel zu sehr auf Worte angewiesen. Zwanzig Jahre später las ich diese Episode ein zweites Mal, inzwischen ausgerüstet mit einigen Ausdrücken der Terminologie Jacques Lacans, und ich sagte mir: »Das ist also mit ›selbst gewählter Stummheit‹ gemeint – das erste Kind einer Sprache fasst den Entschluss, laut das Wort zu ergreifen.«

Der Kibbuz Alumot

Ich habe meinen Vater immer wieder sagen hören, der Kibbuz, in dem ich geboren bin, Alumot, von dem aus man auf das Tal des Sees Genezareth blickt, sei der schönste Platz der Welt. Zu bestimmten Tageszeiten wirkte der See ganz ruhig, aber man wusste, dass es in der Mitte Strudel gab. Zu anderen Zeiten lösten kleine Windstöße leichte Wellen aus, in denen sich das Licht spiegelte. Und obwohl ich noch ganz jung war, als ich Alumot verließ, und seitdem viel gereist bin, viele andere Seen kennen gelernt habe, ist dieser Ort mein Paradies auf Erden geblieben, der schönste Platz meines Universums.

Meine Eltern waren gerade einmal dreiundzwanzig Jahre alt, als ich geboren wurde. Sie gehörten zu jener Gruppe Menschen, die diesen Kibbuz voller Begeisterung gründeten. Das zionistische Ideal vor Augen, wollten sie einen Ort schaffen, an dem echte soziale Gleichberechtigung herrschte. Das hebräische Wort *kibbuz* heißt übersetzt »Versammlung«. In diesem Begriff wird die ursprüngliche Bedeutung des Wortes – die Zusammenkunft des jüdischen Volkes in Zion, dem biblischen Namen für das Land Israel und das Symbol Jerusalems – verbunden mit dem modernen sozialistischen Traum von einem gemeinschaftlichen Leben, das diejenigen in idealer Weise zusammenbringt, die daran teilnehmen wollen. Die ständige Sehnsucht nach einer Rückkehr nach Zion wird genährt durch die Worte des Propheten Ezechiel (11. Kap., 17): »Ich will euch sammeln aus den Völkern und will euch sammeln aus den Ländern, dahin ihr zerstreut seid, und will euch das Land Israel geben.«

Meine Eltern hatten sich in einem Dorf getroffen, wo man junge Menschen aufnahm, die dem Holocaust entkommen waren. Der Aufbau dieses Kibbuz in Galiläa war für sie eine Etappe der Wiederauferstehung des jüdischen Volkes. Der Kibbuz Alumot liegt oberhalb des Sees Genezareth. Dieser See versorgt praktisch das ganze Land mit Wasser. Für die Christen ist Genezareth der Ort, an dem Jesus über das Wasser schritt; für die Araber ist der See das Becken, in dem sich die kostbaren Gewässer der syrischen und libanesischen Flüsse vereinigen. Die Juden sehen in der Form des Sees eine Harfe, diese erinnert sie an den König David, der Kinor spielte. Deshalb heißt der See auch *Kineret*. Noch heute kann ein aufmerksamer Zuhörer an drückend heißen Sommerabenden im Rauschen des Wassers den Klang einer Harfe vernehmen. Als der Kibbuz gegründet wurde, erinnerte das Land an Szenen aus der Schöpfungsgeschichte, so ruhig und friedlich lag es da. Nur die Nomaden zogen hindurch.

Ich denke sehr gern an die Landschaft meiner Kindheit. Die heutige Vielfalt und den Reichtum führe ich auf die Arbeit der Pioniere von einst zurück. Sie haben den trockenen und ungastlichen Boden urbar gemacht. Ich sehe darin die Frucht, die der Einsatz von Körperkraft und Intelligenz im Dienste der Gemeinschaft und der Natur hat wachsen lassen.

Vom Kibbuz aus sieht man, wie der Nebel über dem Tal liegt und die Landschaft Stück für Stück freigibt. Im Norden das grüne und friedliche Galiläa. Im Osten, in Richtung Syrien und Jordanien, liegen die Golanhöhen und der Jordan, der aus dem See heraustritt und seinen Lauf zum Toten Meer hin fortsetzt. »Jordan« ist ein bedeutender Name für einen solch kleinen Fluss!

»Der Jordan? – Durch dieses Flussbett fließt mehr Geschichte als Wasser«, pflegt mein Vater zu sagen. Richtung Westen erstreckt sich ein verborgenes Tal, das man nur erkennt, wenn man sich ganz nah an den Abgrund stellt. Ein biblisches, unberührtes Tal, in das man sich gern zurückziehen möchte. Dort weideten die Schafe. Mein Vater war Schäfer im Kibbuz und lernte auf seinen einsamen Spaziergängen alle Pfade kennen, während er seinen Gedanken nachhing. Anlässlich der goldenen Hochzeit meiner Eltern hat er uns dorthin geführt. Er sprach damals mit einer Sehnsucht von diesem Ort, die ich an ihm nicht kannte: »Hier habe ich die Schafe gehütet. Dort habe ich einmal eine Kuh verloren – und eine Kuh zu verlieren war damals ein Drama!« Am Ufer des Jordan zeigte er mir den Baum, der meiner Mutter und ihm während der Flitterwochen Schutz gewährt hatte. Mein Vater war zwar ein einfacher Schäfer aus Galiläa, aber er war politisch schon sehr engagiert und sollte später einmal israelischer Ministerpräsident werden. Mit fünfzehn wurde er Anhänger Ben Gurions. Er gehörte zu jener Handvoll junger Aktivisten, die entschlossen war, für die Schaffung eines unabhängigen jüdischen Staates zu kämpfen.

1946, als ich gerade einmal eine Woche alt war, reiste er mit Mosche Dajan nach Basel, um die jungen Sozialisten auf dem XXII. Internationalen Zionistischen Kongress zu vertreten. Er schickte meiner Mutter Postkarten, auf denen er über den Verlauf des Kongresses berichtete und sich nach meinem Gewicht erkundigte ... Der erste dieser Kongresse hatte bereits 1897 in Basel stattgefunden, unter dem Vorsitz von Theodor Herzl. Der Traum von der Rückkehr in das Gelobte Land schien damals derart illusorisch, dass Herzl 1903 vorgeschlagen hatte, ein »nationales jüdisches Zentrum« in Uganda einzurichten. Aber konnte man die Errichtung eines jüdischen Staates von Zion und dem Land Israel trennen? Der jüdische Staat, den man damals anstrebte, war nicht nur ein geographischer Ort: Es ging auch darum, wieder eine Verbindung mit den alten Texten und der alten Sprache herzustellen, die in gewissem Sinne die Gelobte Sprache war, auf heimatlichem Boden.

Der Vorschlag mit Uganda wurde zwei Jahre, nachdem er geäußert worden war, abgelehnt. Der zionistische Kongress von 1946 wurde unmittelbar nach dem Ende des Zweiten Weltkrieges abgehalten, nachdem ein Drittel des jüdischen Volkes vernichtet worden war und die Überlebenden aus den Konzentrationslagern von den Briten vertrieben wurden und verzweifelt versuchten, nach Palästina zu flüchten. In dieser Situation gelang Ben Gurion eine Glanzleistung: Die internationalen Behörden schlugen vor, Palästina zu teilen, was der Kongress jedoch ablehnte. Die politische Gruppe um Ben Gurion erkannte die schwierige Lage und war bereit, das winzige Stück Land, das man den Juden anbot, umgehend zu akzeptieren. Nach stundenlangen tumultartigen Debatten erreichte Ben Gurion eine knappe Mehrheit. Mein Vater hielt diese Entscheidung nicht nur für mutig, sondern auch für eine visionäre und lebensnotwendige Tat.

Als ich mit meinen Eltern anlässlich ihrer goldenen Hochzeit in Alumot war, ging ich ganz selbstverständlich zum Kinderhaus, das ausschließlich Säuglingen und kleinen Kindern vorbehalten ist. Die Mütter aus dem Kibbuz brachten ihre Babys dorthin, sobald sie die Säuglingsstation verließen.

Dort kümmerten sich erfahrene Frauen um die Kinder, sie erfüllten die Aufgaben von Ammen und Erzieherinnen. Die Mütter kamen alle vier Stunden zum Stillen, Tag und Nacht. Meine Mutter fürchtete sich davor, nachts durch die Gassen des Kibbuz zur Säuglingsstation hinüberzugehen, um mich zu stillen, daher begleitete mein Vater sie. Beide erinnern sich noch gut an diese nächtlichen Spaziergänge. »Dieses Kind besitzt eine wunderbare Sanftheit«, sagte meine Amme. »Und einen Appetit, der Großes hoffen lässt!« Meine Mutter hatte sich mit ihr angefreundet und wiederholte mit einem breiten Lächeln diese schmeichelhaften Worte.

Dieses System der Kinderbetreuung, das Bruno Bettelheim zum Titel seines Buches *Die Kinder der Zukunft* inspirierte, hatte die Generation der Pioniere entwickelt, um bestimmte Ideale zu verwirklichen. Zum einen sollte die Gemeinschaft als ganze die Verantwortung für die Kinder übernehmen, zum anderen sollten die Frauen nach der Entbindung ihre Arbeit wieder fortsetzen können, ohne für ihre Mutterschaft »bestraft« zu werden. Und da alle Kinder die gleichen Chancen haben sollten, mussten schließlich alle auch die gleiche Erziehung erhalten. In dieser neuen israelischen Gesellschaft sollten alle Mitglieder vollkommen gleichwertig sein.

Dieses utopische System, das im Laufe zahlreicher Versammlungen entwickelt worden war, erwies sich in der Praxis jedoch als schwierig. Zwei

Generationen lang versuchte man, im Alltag danach zu leben. Dann hieß es, dass eine Gemeinschaft nicht für die Liebe eines Kindes zuständig sein könne … Und dass das System bei vielen Kindern »seelische Schäden« angerichtet habe. Auf mich traf dies nicht zu. Rückblickend habe ich vielmehr den Eindruck, dass ich Sicherheit und Selbstvertrauen entwickelt habe, gerade weil sich mehrere Menschen um mich gekümmert haben. Ich hatte nie das Gefühl, für ein Ideal geopfert worden zu sein, wie das von einigen behauptet wurde. Die Kinderhäuser wurden nach und nach aufgegeben. Während einer Übergangsphase probierte man alle möglichen Kompromisse aus. Aber es sieht so aus, als entspräche die Idee, das Kind aus seiner Familie herauszunehmen, immer weniger der zur Zeit gängigen Praxis in Israel. Das letzte Kinderhaus hat seine Pforten vor drei Jahren geschlossen. Meine Mutter war mit dieser Entscheidung nicht einverstanden. Nach wie vor betont sie, dass sie nie das Gefühl hatte, man habe ihr das Kind weggenommen. Sie hält dieses Erziehungssystem für das beste der Welt.

Der Kibbuz, die Keimzelle der neuen israelischen Gesellschaft, wurde oft als Utopie betrachtet, war aber, davon bin ich überzeugt, ein unvergleichliches Instrument, »um das Unmögliche zu erreichen«. Wie hätten wir uns ohne die Kibbuzim auf dem ungastlichen Boden der Wüste oder der Grenzzonen niederlassen und dort den Grundstein für unsere Unabhängigkeit legen sollen? In diesen Gemeinschaften – die nicht mehr als fünf Prozent der Bevölkerung ausmachten – gelang es der Nachkriegsgeneration, ihre Mitarbeiter und eine neue tüchtige Elite auszubilden. Zahlreiche führende Persönlichkeiten Israels wuchsen im Kibbuz auf: der verstorbene Jitzhak Rabin, mein Vater Schimon Peres, Ehud Barak und zahlreiche Piloten und Offiziere der Armee. Der Kibbuz nahm die überlebenden Kinder des Holocaust* auf, die ohne Familie in Israel ankamen, und machte aus ihnen, wie man damals sagte, »körperlich und geistig starke« Israelis.

Das Leben dort war hart – weil dies in der Natur der Sache lag und weil man es so wollte. Die Interessen der Gemeinschaft standen an erster Stelle und waren wichtiger als die Interessen Einzelner: Priorität hatten die Erziehung, spirituelle Werte und das kulturelle Leben, aber auch die Gleichheit und die Verteilung der Aufgaben bei der Feldarbeit. Für meine Mutter war es die ideale Lebensform.

---

* Die Autorin verwendet in der französischen Originalausgabe des Buches den Begriff *Shoah*, die hebräische Bezeichnung für den Massenmord an den Juden während des Nationalsozialismus. Dieser Ausdruck wurde in der deutschen Fassung – in Absprache mit der Autorin – durch den im Deutschen gebräuchlicheren Terminus »Holocaust« ersetzt. Zu den Bedeutungsebenen der beiden Begriffe siehe Annalena Staudte-Lauber: *Stichwort Holocaust*, München 1997, S. 8 (A.d.Verl.)

Als sie den Kibbuz Alumot verlassen musste, um meinem Vater zu folgen – zuerst nach Amerika, dann nach Tel Aviv und nach Jerusalem –, hat sie, so glaube ich, insgeheim nie den Wunsch aufgegeben, hierher zurückzukehren. Lange empfand sie eine zärtliche Sehnsucht nach diesem Ort.

Während der ersten Jahre nach der Staatsgründung galten diejenigen, die einen Kibbuz verließen, praktisch als Deserteure – abgesehen von politischen Führungspersönlichkeiten. Selbst als meine Eltern nicht mehr in Alumot lebten, blieben sie doch Mitglieder des Kibbuz, und wenn wir dorthin zurückkehrten, beteiligte sich meine Mutter ganz selbstverständlich an der kollektiven Arbeit, zum Beispiel im Speisesaal. Mein Vater lud manchmal bekannte Persönlichkeiten aus dem Ausland ein, um ihnen zu zeigen, wie man sich im Kibbuz um Solidarität und Gleichheit im täglichen Leben bemühte. In Alumot wurden wir nie wie Gäste empfangen, sondern immer wie Mitglieder des Kibbuz. Wie Familienangehörige. Ich verbinde mit diesem Ort eine zweifache Sehnsucht: Dort ist meine Familie und meine Heimat. Die Familie, die im Schutz vor der Öffentlichkeit ein einfaches Leben führt. Meine Einstellung zum Leben im Kibbuz unterscheidet sich von der meiner Mutter. Wir hatten lange die Illusion, das Leben sei gleichberechtigt und die Frauen hätten denselben Status wie die Männer, genössen eine große Freiheit. Tatsächlich mussten sie aber eine doppelte Last tragen: Sie mussten nicht nur die traditionelle Rolle der Frau erfüllen (sowohl für ihren Ehemann als auch für ihre Familie), sondern zusätzlich noch Aufgaben übernehmen, die sonst den Männern vorbehalten waren.

Seit den neunziger Jahren befindet sich der Kibbuz in der Krise: Das System ist nicht mehr zeitgemäß. Pessimisten empfinden dies als Desillusionierung, für sie ist ein Traum zerstört worden. Optimisten, zu denen ich ebenso gehöre wie meine Eltern, betrachten diese Periode als Beginn einer neuen Lebensform, in der die Ideale der Gleichheit und der sozialen Gerechtigkeit, die der Kibbuz verkörpert, neue Ausdrucksformen finden, die lockerer und liberaler sind.

Meine Kindheit als kleine Leseratte

Im November 1947 – ich hatte gerade meinen ersten Geburtstag gefeiert – billigten die Vereinten Nationen die Teilung Palästinas. Die Resolution sah zwei Staaten vor, einen jüdischen und einen arabischen, und erkannte das natürliche und historische Recht der Juden an, in einem unabhängigen Staat zu leben. Jerusalem sollte ein internationales Statut erhalten. Mein Vater hatte das Privileg, diesen Tag an der Seite Ben Gurions zu erleben, des eigentlichen Urhebers der Entstehung des hebräischen Staates. Ben Gurion sprach folgende schreckliche Worte aus: »Heute tanzen sie; morgen werden sie ihr Blut vergießen müssen.« Mein Vater verstand die schwerwiegende Bedeutung dieser Worte ebenso wenig wie die anderen. Wie jeder andere auch ließ er sich vom allgemeinen Freudentaumel mitreißen. Die Menschen in den Straßen von Tel Aviv, Haifa und Jerusalem weinten vor Glück. Sie sangen, tanzten und umarmten sich.

Aber Ben Gurion hatte Recht gehabt: Die arabischen Staaten lehnten die Resolution der Vereinten Nationen kategorisch ab. An dem Tag, der offiziell für die Gründungsfeierlichkeiten des Staates festgesetzt worden war, dem 14. Mai 1948, wurde Israel von sieben arabischen Armeen angegriffen. An allen Fronten und an allen Grenzen. Die jüdische Bevölkerung umfasste damals 600 000 Einwohner und die militärischen Streitkräfte des Landes waren erst im Aufbau begriffen. Die westlichen Mächte weigerten sich, Waffen zur Verteidigung zur Verfügung zu stellen. Ben Gurion hatte allen Grund, besorgt zu sein. Trotz seiner Befürchtungen hatte er aber nicht damit gerechnet, dass dieser Angriff der Beginn einer ganzen Reihe von Kriegen war, die mehr als fünfzig Jahre dauern sollte ... Seitdem standen sich zwei Völker gegenüber: Auf der einen Seite das jüdische Volk, das gerade eine bis dahin nie da gewesene Initiative ergriffen hatte. Und auf der anderen Seite eine palästinensische Bevölkerung, die politisch noch nicht organisiert war und sich durch die neue Gebietsaufteilung bedroht fühlte. Unser »Unabhängigkeitskrieg« hatte begonnen. Unter den Kämpfern befanden sich einige, die aus europäischen Konzentrationslagern gekommen waren und nur wenige Worte Hebräisch sprachen. Sie kämpften also für ein Land, dessen Sprache sie gar nicht beherrschten.

Am Ende dieses Krieges sah es so aus, als sei eine Einigung möglich. Die Grenzen hatten sich verändert: Statt der 16 000 Quadratkilometer, die die Vereinten Nationen dem Staat Israel im November 1947 zugestanden hatten, umfasste das Land jetzt 20 700 Quadratkilometer. Die Wüste Negev und Galiläa gehörten nun zum Staatsgebiet. Israel hatte seine Kraft und seine Stärke bewiesen und sich dadurch vergrößert. Den arabischen Völkern blieb nichts anderes übrig als die Tatsache hinzunehmen, dass nun ein Staat Israel existierte, dass es kein Zurück mehr gab und man sich über das Zusammenleben einigen musste. Es wurden Verhandlungen aufgenommen, die aber zu keinem Ergebnis führten. Beide Länder mussten teuer dafür bezahlen. Die Araber hörten Israel nicht zu und Israel nicht den Arabern. Nur die Gewalt hatte das Wort.

An diesem entscheidenden Punkt des Krieges flohen die Palästinenser aus ihren Dörfern. Sie waren überzeugt, dass die Kämpfe nur wenige Wochen dauern würden, und glaubten, dass sie nach dem Sieg der arabischen Truppen sehr schnell wieder nach Hause zurückkehren könnten. Sie betrachteten die Proklamation des jüdischen Staates also nur als Übergangsphase. Es wird immer wieder behauptet, die arabischen Führer hätten gerufen: »Wir werfen die Juden ins Meer!« Erst Jahre später begriff ich, wie komplex die Situation war. Einige Araber waren tatsächlich geflohen, aber andere waren auch aus ihren Dörfern vertrieben worden. Von den Dörfern selbst blieb oft nichts mehr übrig. Für Israel begann eine Zeit voller Hoffnungen, es sah aus, als nähere man sich dem Ende der langen Leidensgeschichte; für die Araber aber war es ein wahres Debakel. Jahre später gaben sie diesen historischen Ereignissen den Namen *nakbah,* »Katastrophe«. Einige von uns empfanden Mitleid mit den Palästinensern.

Heute neigen Araber dazu, die Nakbah mit dem Holocaust zu vergleichen, wodurch meiner Ansicht nach der Hass nur noch geschürt und verhindert wird, dass beide Völker einander zuhören. Der Holocaust war ein willkürlicher Akt. Er beruhte auf einer rassistischen Ideologie, deren erklärtes Ziel es war, das jüdische Volk auf der ganzen Welt auszurotten. Sie dauerte fast vier Jahre lang und kostete sechs Millionen Juden das Leben. Die Nakbah dagegen – und damit will ich das Leid, das durch sie ausgelöst wurde, keineswegs gering schätzen – war Folge eines Krieges, in dessen Verlauf Teile eines Volkes aus ihren Häusern vertrieben wurden. Dabei sollte man nicht vergessen, dass dieser Krieg nach einem Kompromissvorschlag zustande gekommen ist, den die Israelis akzeptiert, die Palästinenser aber abgelehnt haben. Die Tatsachen wurden stark vereinfacht dargestellt, und das von beiden Seiten. Die palästinensischen Familien flüchteten in den Gazastreifen, ins Westjordanland, in den Süden des Libanon und nach Syrien. Sie dachten, sie könnten sich mit Gewalt durchsetzen. Die Israelis haben ebenso wie die Palästinenser ein Problem hervorgerufen, dessen Opfer sie dann geworden sind. Während Israel schon begonnen hat, die Geschichte Palästinas zu unterrichten und dabei den Standpunkt dieses Volkes zu berücksichtigen, beharren die Palästinenser auf ihrer Position. Der Vergleich mit dem Holocaust in politischen Auseinandersetzungen verhindert also jede weitere Diskussion.

Nachdem mein Vater seinen Militärdienst als Kommandant bei der Marine abgeschlossen hatte, wurde er während des Jahres, das auf die Unabhängigkeit folgte, in die Vereinigten Staaten geschickt. Ben Gurion, der großes Vertrauen in ihn setzte, hatte ihn mit einer geheimen Mission betraut, die sehr wichtig für die Zukunft Israels war: Er sollte Verhandlungen über den Kauf von Waffen und Munition führen und den Grundstein für eine regelmäßige Zusammenarbeit legen, damit die Verteidigung des hebräischen Staates auf lange Sicht hin gesichert war. Wir wohnten fast drei Jahre lang im Herzen von Manhattan, wo wir ein ähnliches Leben führten wie Untergrundkämpfer. Am River Side Drive teilten wir ein Apartment mit anderen Israelis, die den gleichen Auftrag hatten. Für das kleine verhätschelte Mädchen, das ich war, hat diese Art Zurückgezogenheit die meisten Erinnerungen an unser Leben in Amerika ausgelöscht.

Einige Bilder sind mir dennoch im Gedächtnis geblieben: Ich nehme den orangefarbenen Schulbus, ich bin von unseren Mitbewohnern umgeben, vier jungen, unverheirateten Männern. Während ich meine ersten Worte auf eine kleine schwarze Tafel schreibe, die mitten im Zimmer steht, versuchen unsere vier Freunde sich gegenseitig das zweifelhafte Vergnügen zuzuschieben, dem frühreifen Kind, das ich war, der »Leseratte«, den abendlichen Text vorzulesen. Meine Mutter erzählt mir, dass ich in diesem Alter Englisch sprechen und schreiben konnte, während meine Eltern sich sehr anstrengen mussten, um sich die neue Sprache anzueignen.

Wir durften unsere Nationalität nicht verraten und mussten auch Stillschweigen über die Aktivitäten meines Vaters bewahren. Ich ging zur Schule und lebte in einer großen Unwissenheit. Ich hatte keine Ahnung, was sich um mich herum abspielte. Während dieser Jahre in New York leitete mein Vater die Waffengeschäfte in die Wege, mit deren Hilfe die Unabhängigkeit Israels gesichert werden sollte. Lange Zeit ist mir folgender Satz von ihm im Gedächtnis geblieben: »Wir mussten stark sein, um keinen Krieg mehr zu führen, und stark, um aufbauen zu können, ohne zerstören zu müssen.« Es dauerte lange, bis ich begriff, dass es in der Tat nicht ausreicht, über eine ausgeklügelte Waffenindustrie zu verfügen, um keinen Krieg mehr führen zu müssen. Um eine Versöhnung zu erreichen, muss man zuhören und Verständnis aufbringen können. Nach mehr als fünfzig Jahren (mein Alter und das Israels) können wir drei Generationen überblicken: Ich achte heute mehr auf Untertöne und räume dem Zuhören eine größere Bedeutung ein.

Bei unserer Rückkehr aus den Vereinigten Staaten im Jahr 1952 war ich fast sechs Jahre alt; meine Eltern schenkten mir einen Bruder, Jonathan – Joni. Diesen biblischen Vornamen suchte ich aus, er bedeutet »Was Gott gegeben hat«. Mein Vater war neunundzwanzig und wurde trotz seines jungen Alters zum Leiter des Verteidigungsministeriums ernannt. Wir zogen nach Tel Aviv.

Im darauf folgenden Jahr trat ich in die Grundschule ein und vergaß meine Englischkenntnisse schnell. Weil wir in New York so versteckt leben mussten, hatte ich schnell Englisch gelernt. Außerhalb des Hauses sprachen wir nie Hebräisch, also sprach ich mehr Englisch als Hebräisch. Trotzdem – als acht Monate nach unserer Rückkehr nach Israel ein kleines Mädchen aus meiner Klasse in den Vereinigten Staaten zu uns zu Besuch kam, konnte ich kein Englisch mehr. Ich hatte alles vergessen. Das Hebräische, meine Muttersprache, galt als »Zement der Nation«. Es wurde nicht gern gesehen, wenn man eine andere Sprache sprach. Zu dieser Zeit gab es eine massive Einwanderungswelle. Staatsangehörige aus siebzig verschiedenen Ländern kamen nach Israel, und mit ihnen eine Vielfalt an Sprachen. Wenn sie sich eine neue Identität aufbauen wollten, mussten sie sich zuerst eine neue Sprache aneignen, Hebräisch. Nur ein Teil der Bevölkerung war mit Hebräisch als Muttersprache aufgewachsen; für diejenigen, die jetzt ankamen und an der Wiederbelebung dieser

Sprache beteiligt waren, war es eine Fremdsprache.

Die moderne Form des Hebräischen wurde von Menschen mitgestaltet, die ursprünglich ganz andere Sprachen gesprochen hatten, wie Russisch, Jiddisch (verbunden mit Deutsch), Ladino (verbunden mit Spanisch) oder Jüdisch-Arabisch. Man musste eine Sprache lernen, die von rechts nach links geschrieben wurde und die zweitausend Jahre lang nur in der Liturgie und von Gelehrten benutzt worden war, ehe sie zur gesprochenen Sprache wurde. Eine eigenartige Sprachentwicklung also, genau umgekehrt zu der Entwicklung in anderen Sprachen, wo sich eher die gesprochene Form in der Schriftsprache manifestiert. Eine weitere Besonderheit bestand darin, dass es sehr häufig die Kinder waren, die diese Muttersprache ihren Eltern beibrachten, und nicht umgekehrt. Die Geschichte dieser Sprache ist ungewöhnlich, weil einige Familien einen hohen Preis dafür bezahlen mussten– es gab Kränkungen bei den Eltern, Versäumnisse bei den Kindern. Denn eines ist klar: Die Entscheidung, ausschließlich die hebräische Sprache zu benutzen, führte dazu, dass man für andere linguistische und kulturelle Einflüsse nicht mehr offen war.

In Zeitungsanzeigen und auf öffentlichen Plakaten stand immer wieder ganz kategorisch die Anweisung: »Hebräer, sprich Hebräisch!« Denn andere Sprachen stellten eine Bedrohung für das noch sehr verletzliche Sprachsystem dar. Der soziale

Druck in dieser Hinsicht war so stark, dass man voller Misstrauen auf Menschen blickte, die sich auf der Straße in einer Fremdsprache unterhielten. Ich hatte dieses Verbot verinnerlicht: Vielleicht weigerte ich mich deshalb, mit der kleinen Tochter unserer amerikanischen Freunde Englisch zu sprechen, zum großen Bedauern meiner Eltern.

Durch die starke Einwanderungswelle hatte sich die israelische Bevölkerung in wenigen Jahren verdreifacht, was große Wohnungsprobleme zur Folge hatte. Wir lebten in einem bescheidenen Wohnviertel, ich war sieben Jahre alt. In dieser Gegend wohnten vorwiegend Angehörige der Armee und Beamte aus dem Verteidigungsministerium. Es gab nur ein Telefon für alle, und das war unseres. Für fünf Jungen und mich bestand der einzige Luxus darin, dass wir mit dem Taxi zur Schule gefahren wurden. Zwischen den Gebäuden, in einem gemeinsamen Innenhof, gab es einen Kinderspielplatz und Bäume, in denen wir Hütten bauten. Wir waren gerade im Herbst umgezogen, also zum Zeitpunkt des *Sukkot*, des Laubhüttenfestes, wenn die jüdischen Familien nach der Tradition behelfsmäßige Hütten bauen, wie es das jüdische Volk einst nach der Flucht aus Ägypten tun musste. Dieser Ritus symbolisiert die Zerbrechlichkeit des jüdischen Schicksals.

1956 begannen die Auseinandersetzungen um den Suezkanal. Ich war zehn. Die Spannungen zwischen Ägypten und Israel verstärkten sich, es gab zahlreiche Zwischenfälle an der Grenze und Nasser sprach Drohungen gegen die bloße Existenz des Staates Israel aus. Die Fedajin (Terroristen aus dem ägyptischem Staatsgebiet) hatten mehrfach Anschläge auf den jungen Staat verübt und dafür die zivile Grenzbevölkerung verantwortlich gemacht. Die Situation spitzte sich zu, als diese Terroristen an einem Samstagmorgen in Negev in eine Synagoge eindrangen und zahlreiche Kinder ermordeten. Ägypten hat dann ein israelisches Schiff daran gehindert, den Suezkanal zu durchqueren. Israel reagierte mit Vergeltungsanschlägen und eroberte schließlich den Sinai. Großbritannien und Frankreich, die in der Sperrung des Kanals eine Bedrohung für ihre Wirtschaft sahen, griffen Ägypten ebenfalls an. Uns Kindern schien das Kriegsgebiet an der ägyptischen Grenze sehr weit weg zu sein. In diesem Alter kann man Entfernungen noch sehr schlecht einschätzen. Es gab damals noch kein Fernsehen, das uns die Ereignisse bildhaft hätte nahe bringen können. Der Krieg war vielleicht weit weg, aber die finanziellen Probleme, die er verursachte, waren unmittelbar zu spüren. Wir überlegten, wie wir Abhilfe schaffen und dem Staat dienen konnten. Überall mobilisierte sich die Bevölkerung, um Geld für den Verteidigungshaushalt zu sammeln, die Organisation »Keren Hamagen«. Wie alle anderen Kinder des Wohnviertels auch, beteiligte ich mich an der Sammelaktion. Mit dem Geld sollten Waffen gekauft werden. Außerdem übernahm ich die Führung der »Operation Weben«: Gemeinsam stellten wir nachmittags Handarbeiten her, die wir dann verkauften. Wir produzierten quadratische Tücher, mit denen man die Mahlzeiten warm halten konnte. Und wenn die Nachbarn uns nichts abkaufen wollten, redeten wir immer wieder auf sie ein, um sie zu überzeugen. Der Krieg dauerte nur ein paar Tage und der kleine Staat Israel hatte gemeinsam mit zwei europäischen Staatsmächten gewonnen. Woran ich mich aber vor allem erinnere, ist die Tatsache, dass der Vater eines Jungen aus dem Wohnviertel nicht von der Front zurückkehrte. Das Kind war durch den Krieg zur Halbwaise geworden, ehe es auch nur die Zeit gehabt hätte, etwas zu begreifen. Ein Schmerz, der mir bis dahin unbekannt war, mischte sich unter das Gefühl der Erleichterung, dass wir gesiegt hatten.

Meine Mutter kümmerte sich um meinen kleinen Bruder und um ihre Mutter. Also war es meine Aufgabe, auf meinen Vater zu warten, der sehr viel reiste, und ihm ein Getränk anzubieten, wenn er spät am Abend nach Hause kam. Das war ein guter Vorwand, ihn auf mich aufmerksam zu machen und lange Gespräche mit ihm zu führen.

Meine Kindheit spielte sich in einer Umgebung ab, die zugleich sehr begrenzt und sehr offen war. Israel war damals ein besetztes Land. Da die Grenzen geschlossen waren, konnten wir sie nur überwinden, indem wir Bücher aus anderen Ländern lasen. Aber wir waren auf die Literatur angewiesen, die ins Hebräische übersetzt worden war. Ich las Übersetzungen russischer Autoren der Wende vom 19. zum 20. Jahrhundert. Sie enthielten französische Zitate, von denen ich hoffte, dass ich sie eines Tages verstehen würde. Aus dieser Zeit stammt mein erster Kontakt mit der französischen Sprache. Ich las Übersetzungen von Romain Rolland und träumte davon, Balzac einmal im Original zu lesen. Wir fanden unsere kulturellen Bezugspunkte nur in dieser europäischen Literatur und wussten überhaupt nichts über unsere Nachbarn: Nichts drang zu uns durch, auch nicht aus Ägypten, wo die jüdische Gemeinde doch sehr aktiv und relativ frei war. Mein Vater hatte die Welt als Bezugspunkt. Aus den Ländern, in die er reiste, brachte er uns immer ein kleines Geschenk mit. Mir brachte er häufig ein exotisches Musikinstrument. Im Spaß sagte er, dass er seine Reiseziele danach aussuchte, welche Instrumente mir noch fehlten ... So konnte ich mit der Zeit eine beachtliche Sammlung an Blockflöten aufbauen.

Von seinen Reisen schickte er uns Postkarten mit sehr kurzen Kommentaren: »Deutschland ist ein schönes Land«, wobei man sich klar machen müsse, dass es ein neues Deutschland sei, in dem die Spuren des Krieges nicht mehr erkennbar seien. »In London muss man nie gießen.« »In Frankreich gehen die Könige in Gärten spazieren, wie du auf der Rückseite der Karte sehen kannst.« Mein Vater liebte Grünanlagen, weil es in Israel so sehr an Wasser mangelte. Im Radio wurde immer durchgegeben: »Gehen Sie sparsam mit dem Wasser um!« und »Jeder Tropfen Wasser zählt!« Die Menschen wurden aufgefordert, sich daran zu gewöhnen, möglichst wenig zu trinken.

Bei seiner Rückkehr erzählte er uns von seinen Reisen, wobei er vor allem über die Schlösser und die Mahlzeiten sprach: den Aperitif und die Essensgewohnheiten – einen bestimmten Wein zum Fisch, einen anderen zum Fleisch, die verschiedenen »Verdauungsschnäpse« nach dem Essen ... In Israel lebte man noch in sehr kargen Verhältnissen. Hier gab es von allem »zwei Einheiten«, wie mein Vater sich ausdrückte: Man hatte die Wahl zwischen hellem oder dunklem Brot, weißem oder gelbem Käse, dem süßen Wein zum Sabbatfest oder dem einfachen Tischwein. Heute ist das Leben in Israel vielfältiger und anspruchsvoller. Es gibt gute Käsesorten, ausgezeichnete Weine, weiß oder rosé, und unser Rotwein ist sogar schon prämiert worden! Aber die Wasserknappheit ist nach wie vor ein ungelöstes Problem. In unserer Region herrschte schon immer Wassermangel. Aus dieser Not heraus hat Israel neue Bewässerungsmethoden und landwirtschaftliche Technologien entwickelt, die heute in zahlreichen Ländern Anwendung finden, selbst im Jordantal oder in arabischen Dörfern. Das Wasser ist eines der wesentlichen Probleme, die in den Verhandlungen mit den arabischen Ländern angesprochen werden. Mit Jordanien ist es fast schon zu einer Einigung gekommen, aber mit Syrien, dem Libanon und Palästina noch nicht.

Zu Hause verbrachte mein Vater viele Stunden mit seinen Büchern. Er hatte kein Arbeitszimmer im eigentlichen Sinn, wir nannten den Raum den »heiligen Ort«. Wenn er las, störten wir ihn nicht. Und auch nicht, wenn er Besuch hatte. Für uns war dieses disziplinierte Verhalten ganz selbstverständlich, weil jedem von uns bewusst war, welche Bedeutung seine Arbeit hatte. Die gleiche Diskretion galt, wenn politische Freunde kamen. Ich servierte Fruchtsäfte, Tee und einen kleinen Imbiss dazu. Ich hörte Gespräche, in denen es um Kenntnisse in der Atomphysik ging, die Israel unbedingt erwerben müsste oder um die Haltung zu den mit Deutschland verhandelten Kriegsreparationen – alles Punkte, die lange Debatten auslösten und zahlreiche weitere Fragen. Was sich jeden Tag in unserem Haus abspielte – das wurde mir später bewusst –, betraf einen wichtigen Teil der Geschichte unseres Landes. Diese Männergesellschaft fand es ganz normal, dass ein kleines Mädchen ihnen Getränke servierte. Und ich war zwar nicht gerade ein braves Kind, aber ich liebte es zu servieren, weil ich so Dinge hören konnte, die man normalerweise in meiner Gegenwart nicht besprochen hätte.

Mosche Dajan kam regelmäßig zu uns. Er war General und Verteidigungsminister – und ein großer Liebhaber der Archäologie. Ich bewunderte ihn, weil er ein Mann war, der mit beiden Beinen im Leben stand und sich nie darum kümmerte, was »man« vielleicht sagen könnte. Eines Tages besichtigte ich mit ihm einige Ausgrabungen. Der Zugang war durch mehrere Fässer versperrt. Der Fahrer hielt an, aber Mosche zögerte keinen Augenblick. Ehe ich michs versah, war er ausgestiegen und hatte die Straße frei gemacht mit den Worten: »Nun komm schon, worauf wartest du?« Ich war mit ihm gefahren, um herauszufinden, warum er sich dieser Erde so stark verbunden fühlte. Und ich sah mich einem Mann gegenüber, der das Gesetz missachtete. Als Mosche meinen zweifelnden Gesichtsausdruck sah, fragte er: »Und wie sieht's bei euch zu Hause aus mit der Disziplin? Ist da alles demokratisch geregelt?« Ich musste eine Sekunde überlegen, doch dann antwortete ich ihm ernst: »Bei uns herrscht eine Koalition!« Immer wenn wir uns später wieder begegnet sind, wiederholte er mit seinem verschmitzten Lächeln: »Na, funktioniert die Koalition noch? Hat es noch keinen Regierungsumsturz gegeben?« Dajan hat ein Buch geschrieben, in dem er vorschlägt, die Bibel wie einen historischen Bericht zu lesen. Immer, wenn ich darin blättere, spüre ich, wie der General mir mit seinem einen lächelnden Auge über die Schulter blickt. Mosche Dajan sollte später Außenminister werden, als es um die Friedensverhandlungen mit Ägypten ging.

Der militärische Staatssekretär von Ben Gurion, Nehemia Argov, verkehrte ebenfalls häufig in unserem Haus. (Nehemia ist der Name eines Propheten, er bedeutet »der Trost Gottes«). Wir nannten meinen Bruder, der 1958 geboren wurde, nach ihm ebenfalls Nehemia, abgekürzt Hemi. Argov, der fast zur Familie gehörte, erzählte mit solcher Bewunderung von Ben Gurion, dass ich diesen unbedingt kennen lernen wollte. Ben Gurion war ein leidenschaftlicher Anhänger des Tanakh (des Alten Testaments, der hebräischen Bibel) und der Philosophie. Er liebte die seltenen Ausgaben der großen buddhistischen und griechischen Denker. Aber er war vor allem ein vorausschauender Staatsmann. Ihm haben wir den jüdischen Staat mindestens ebenso zu verdanken wie Herzl. Durch ihn ist der Staat nicht einfach ein Staat wie jeder andere, sondern er beruht auf besonderen Werten. Wenn Ben Gurion vom »auserwählten Volk« sprach, versuchte er, eine universelle menschliche Botschaft zu formulieren, deren Träger Israel war. In dieser Art, die Bedeutung unseres Staates zu betonen, verbarg sich eine strenge Gläubigkeit, die sich von der der Freidenker unterschied. So klein Israel auch war, so sehr strebte Ben Gurion danach, dass es geistige Größe erwarb. Um ein Land aufzubauen, das diesen Namen verdiente, bedurfte es nicht eines möglichst großen Gebietes, sondern vielmehr eines uneingeschränkten Engagements. Und so sehen wir auch heute noch das Überleben Israels. Warum hat das israelische Volk überlebt, wenn es keine Mission hat?

Ich erinnere mich noch an den Tag, als meine Eltern mir sagten, dass er zu uns zum Abendessen kommen würde. Ich war außer mir vor Freude. Ich stellte mir in meiner Fantasie eine Art »Gipfeltreffen« vor, bei dem ich mit ihm über Literatur sprach. Ich war etwa zehn Jahre alt und liebte es, mit Erwachsenen über Literatur zu sprechen. Also bereitete ich eine bestimmte Inszenierung vor: Ich stapelte alle Bücher auf dem Klavier auf, die ich gerade gelesen hatte. Ben Gurion würde in mein Zimmer kommen, um mich zu begrüßen. Die vielen Bücher würden ihm ins Auge fallen und er würde mich sicher danach fragen. Aber die Zeit verging, ich musste meinen Schlafanzug anziehen und ins Bett gehen. Ich war zornig, gab mich aber nicht geschlagen. Ich baute den Bücherstapel auf meinem Nachttisch auf und legte mich voller Ungeduld ins Bett.

Als er endlich kam, war ich fast eingeschlafen. Er durchquerte das Zimmer und setzte sich auf die Bettkante, um mich zu begrüßen. Ich war so schläfrig, dass ich unfähig war, ihm die Fragen zu stellen, die ich so sorgfältig vorbereitet hatte. Ich glaube, ich habe nur eines gesehen: Er war ganz klein! Es gab ja noch kein Fernsehen und ich kannte ihn nur von Fotos. Ich war es gewohnt, von meinem Bett aus sehr viel größere Erwachsene zu sehen, und trotzdem war er doch ein so »großer Mann«. Ich war verblüfft und traurig. Er streckte mir freundlich seine Hand entgegen, aber ich sah nur die Hand eines alten Mannes, rosafarben und faltig … Ben Gurion war für mich »der Löwe«, »die personifizierte Stärke« – ich war am Boden zerstört. Ich hörte kaum, wie er zu mir sagte: »Dein Vater hat mir erzählt, dass du mich unbedingt sehen wolltest. Es tut mir Leid, dass es so spät geworden ist.« Ich brachte kein Wort heraus. Mein Stimme versagte. Ich schaute auf seine Hände und sein Gesicht und konnte nur mit dem Kopf nicken. Er sagte auch: »Ah, wie ich sehe bist du ein kleines Mädchen, das gern liest. Wie schade, dass wir keine Zeit haben, darüber zu sprechen!« Dann fügte er noch etwas hinzu wie: »Es ist schon sehr spät, du musst jetzt schlafen.« Er verließ mein Zimmer wie er hereingekommen war, und ich war an diesem Abend nur ein kleines Mädchen wie viele andere, das schlafen muss, wenn es spät ist.

Am nächsten Tag gestand ich meinem Vater, was mich so enttäuscht hatte, dass ich keinen Ton hervorbringen konnte: die rosigen, zerknitterten Hände und dass ich die Gelegenheit verpasst hatte, ein Gespräch über Literatur zu führen. Er machte sich ein wenig über mich lustig, dann erzählte er mir, wie seine ersten Schritte in der Politik an der Seite dieses Mannes verlaufen waren, der sein »spiritueller Meister« war – sowohl im politischen Leben wie auch was seine spirituelle und literarische Bildung betraf. Mein Vater schafft es, Ben Gurion in einem Atemzug mit dem Propheten Jesaja zu nennen, als seien die beiden die engsten Freunde. Er spricht über die Geschichte Israels, als handele es sich um Episoden aus dem Familienleben. In meiner Kindheit empfand ich dabei ein Gefühl harmonischer Vertrautheit. Als Erstgeborene noch sehr junger Eltern, in einem Land, in dem das tägliche Leben ausgesprochen hohe Anforderungen stellte, wurde ich zu einer Verbündeten meines Vaters und seiner Freunde. Viele von ihnen sprechen immer noch so sanft mit mir wie mit einem Kind, sie können mich einfach nicht wie eine Erwachsene behandeln.

In diesen Jahren hatte der Aufbau eines starken hebräischen Staates absolute Priorität in der Politik. Gleichzeitig begann sich eine neue israelische Gesellschaft aus Juden herauszubilden, die aus aller Herren Länder kamen. Daraus ergaben sich unterschiedliche Sichtweisen: Es gab zunächst einmal die Revolutionäre, die zionistische politische Bewegungen ankündigten, die später ausbrechen sollten, leidenschaftliche Juden, die in einem Land angekommen waren, das sie nur aus den heiligen Schriften kannten, aus ihrer Sehnsucht und ihren Träumen; dann gab es diejenigen, die für eine Religion verfolgt worden waren, die sie nicht gewählt hatten und die die Katastrophen überlebt hatten. Diese Begegnung konnte nicht reibungslos vonstatten gehen.

Ein Ereignis, das mich sehr geprägt hat, beschäftigte damals die Zeitungskolumnen: die »Kastner-Affäre«. Kastner war ein Jude ungarischer Herkunft und hatte in Europa viel Geld verdient, indem er mit den Deutschen die Freilassung einer gewissen Anzahl Juden aus den Konzentrationslagern ausgehandelt hatte. Nach dem Krieg wurde er beschuldigt, Mitglieder seiner Familie und seine Freunde bevorzugt zu haben. Man warf ihm sogar vor, Reichen auf Kosten der Armen Priorität eingeräumt zu haben. Ich war sechseinhalb. Die Familie Kastner wohnte im selben Haus wie wir, ein paar Etagen über uns. Ihre kleine Tochter war zwei Jahre älter als ich und hatte mich schon mehrfach zu sich eingeladen. Ich hatte dort eine unbekannte Welt entdeckt, die Familie führte ein »europäisches Leben«. Ihre Wohnung war so eingerichtet, wie es wohl in Budapest üblich war. Die Mutter trug Handschuhe aus schwarzer Spitze und große Hüte mit Schleier, um sich gegen die Sonne zu schützen. Ihre Kleidung ließ sie bei Damenschneidern anfertigen. Die Familie aß ausgewählte ungarische Gerichte.

Wenn ich wieder zu uns herunterkam, hörte ich im Radio die schweren Anschuldigungen, die gegen Kastner vorgebracht wurden, und war sehr verunsichert. Als ich mit meinem Vater darüber sprach, vertrat er einen ungewöhnlichen Standpunkt: »Versetze dich einmal an seine Stelle. Nehmen wir an, du müsstest die Wahl treffen und zehn Menschen aus einer Gemeinschaft aussuchen, zu der Hunderte gehören, darunter Angehörige deiner eigenen Familie. Um gerecht zu sein, müsste man eine Person aus jeder Familie nehmen. Aber wen soll man wählen, selbst innerhalb der eigenen Familie?« Mein Vater sagte, dass es sehr schwierig sei, über Menschen zu urteilen, die eine unmögliche Wahl treffen mussten. Ich weiß noch, dass ich bereits verstanden hatte, dass er sich vor allem darum bemühte, der Komplexität einer Situation nicht auszuweichen. Er stellte sich auf den Standpunkt der anderen Person, selbst wenn er völlig entgegengesetzter Meinung war. Aber damals machten die Menschen in Israel keine feinen Unterschiede. Kastner wurde von den Geschworenen freigesprochen, allerdings warfen sie ihm vor, er habe »einen Pakt mit dem Teufel geschlossen«. Die öffentliche Meinung hatte ihn jedoch verurteilt. Er wurde auf offener Straße mit einem Revolver erschossen. Die Affäre ist mir im Gedächtnis geblieben. Es war die erste Episode einer Reihe schwerwiegender Nachwirkungen des Holocaust.

Unser Holocaust: Das Verstummen der Sprache

Unser Holocaust lautet der übersetzte Titel eines Buches von Amir Gutfreund, das im Jahr 2000 in Israel erschienen ist. Dieser junge israelische Schriftsteller versteht sich als Angehöriger der »Generation zweieinhalb«. Die zweite Generation ist die, deren Eltern überlebt haben; die darauf folgende Hälfte besteht aus Kindern, deren Eltern zum Zeitpunkt des Holocaust selbst Kinder waren und die sich häufig in Israel als einzige Überlebende ihrer Familie wiederfanden. Amir hat, wie viele seiner Freunde, nie seine Onkel, Tanten oder Großeltern kennen gelernt. In seinem Buch schildert er, wie er seine Großväter unter den älteren Menschen ausgesucht hat, die »von dort« zurückgekommen und ebenso allein auf der Welt waren wie er.

Der Holocaust hat den Staat Israel und seine israelischen Bürger stark geprägt. Die Generation meiner Eltern ist in drei Teile gespalten: diejenigen, die vor dem Zweiten Weltkrieg zurückkehrten, diejenigen, die nach ihm kamen und diejenigen, die ihn nicht überlebten.

Meine Eltern, die vor dem Holocaust nach Israel kamen, erlebten eine glückliche Jugend. Sie begegneten sich in Ben Schemen, einem Dorf mit einem vorbildlichen Erziehungssystem, das der Humanist Sigfried Lehman gegründet hatte, um verwaiste Flüchtlingskinder aufzunehmen. Es gab nur wenige Kinder, die eine israelische Herkunft hatten (die so genannten Sabras). Meine Mutter war eines von ihnen, weil ihre Eltern Mitarbeiter der Schule waren. Sie hat mir einmal gesagt, sie hätte sich immer als Außenseiterin gefühlt, weil sie die Einzige war, die noch Eltern hatte. Ihr Vater gab Werkunterricht und ihre Mutter war für die Schlafsäle verantwortlich. Mein Vater war einer der Hilfslehrer im Dorf; seine Familie wohnte nicht im Dorf, sondern in Tel Aviv. Er hatte ein Stipendium erhalten, um das Gymnasium in Ben Schemen zu besuchen, als Gegenleistung kümmerte er sich um die Kinder.

Diese Schule war nach dem Modell aufgebaut, das Janusz Korczak in Polen entwickelt hatte und das nach einem besonderen demokratischen Prinzip funktionierte – unter der Leitung der Kinder. Diese Kinder waren alle deportiert worden, kein Einziges war zurückgekehrt. Korczaks Geschichte berührte uns tief, weil er sich nicht von den Kindern hatte trennen wollen und beschlossen hatte, mit ihnen zu gehen. Korczak ist auch für seine Kinderbücher bekannt, ebenso wie Célestin Freinet in

Frankreich: *Der kleine König Macins, Kaitus der Magier* und *Le Poème pédagogique* (Das pädagogische Gedicht). In diesen Büchern erklärt er die Rechtmäßigkeit dieser »Gesellschaft der Kinder«. In Israel wurde Ben Schemen, ebenso wie die Schule von Korczak, zum Symbol für eine humane Erziehung. Ihr Ziel war es, ein tragisches Schicksal zu einem neuen Ausgangspunkt zu machen. Die Kinder, die in Ben Schemen aufwuchsen, entwickelten die Vorstellung von einem neuen Israeli, der körperlich stark ist, den Boden bewirtschaftet, in der Natur und in Harmonie mit seinen arabischen Nachbarn lebt. Das Dorf war eine autonome Gesellschaft, die gewisse kulturelle Aspekte aus Europa beibehielt und von Israel den besonderen Bezug zur Natur übernahm. Es bot eine Art humanistisches Judentum, eine Lebensform, die Glück und Weltliches, körperliche Arbeit und die Ausbildung intellektueller Fähigkeiten miteinander verband. Ich spreche mit einer gewissen Wehmut darüber, denn diese harmonische Synthese ist inzwischen verloren gegangen.

Der Holocaust gehörte zwar zur persönlichen Geschichte jedes einzelnen Dorfbewohners, aber niemand sprach darüber. Als hätte man ein Schweigegelübde abgelegt, eine stillschweigende Vereinbarung über den therapeutischen Wert der Stille. Die Erzieher ließen sich von dem Gedanken leiten, dass jeder Jugendliche sich eine neue Identität schaffen und seine Vergangenheit zudecken musste. War der

Schmerz noch zu frisch oder zu groß? Fühlten sich diejenigen, die die Flüchtlinge aufnahmen, schuldig oder unzureichend informiert? Glaubten die Kinder selbst, dass sie vergessen konnten? Vielleicht schämten sich die Flüchtlinge, dass sie die Konzentrationslager überlebt hatten.

Die Mutter meiner Freundin Lizi Doron schwieg nicht. Nach ihrem Tod hat Lizi eine Sammlung von Erzählungen veröffentlicht, in denen sie ihre Kindheit im Schatten einer Mutter schildert, die aus dem Lager entkommen ist. Diese Frau war besessen von ihren eigenen Worten, sie sprach mit jedem über ihren Leidensweg, bei jeder Gelegenheit, mit Bruchstücken, die verschiedenen Sprachen entnommen waren, die sie kannte und vermischte. Bei jedem Jom Kippur wiederholte Lizis Mutter dasselbe Ritual: In der Synagoge, in einem Innenhof oder von ihrem Balkon aus verkündete sie laut die Namen ihrer nächsten Angehörigen und Freunde, die im Lager umgekommen waren. »Ich bin ihre Fürsprecherin«, sagte sie. »Ich lebe, um ihre Namen zu nennen.« Im Judentum bedeutet jemandem einen Namen zu geben fast so viel, wie jemandem das Leben zu schenken. Die Erzählung, die diese Szene beschreibt, ist von einigen Gemeinden in Israel als liturgischer Text in die Feierlichkeiten des Versöhnungstages aufgenommen worden.

Für meine Generation galt es als Tabu, in der Gemeinschaft, und selbst im Kreis der betroffenen Familien über den Holocaust zu sprechen. Ich erinnere mich, dass ich meinen Vater trotzdem danach fragte. Er antwortete mir, dass es sich dabei um das erste Kapitel der Geschichte gehandelt habe, in dem Gott unerklärlicherweise abwesend gewesen sei. Dieses Geständnis hat mich geprägt. Ich spürte an seinem ernsten Ton und der Nüchternheit dieser Antwort, dass dies für ihn einen Riss in der Geschichte ausmachte und einen Bruch in seinem Glauben. Die Namen der Mitglieder meiner Familie väterlicherseits und mütterlicherseits, die vernichtet worden waren, wurden sehr selten erwähnt.

Dennoch ist einer von ihnen, der für meinen Vater besonders wichtig war, letztendlich sehr präsent geblieben: Ich trage den Vornamen meines Großvaters. Er hieß Tsvi (»Hirsch«), und mein Name ist Tsvia (»Gazelle«). Meine nächsten Angehörigen und Freunde nennen mich Tsiki, was für mich einer Form des Duzens entspricht (im Hebräischen unterscheidet man nicht zwischen Du und Sie). Erst mit zwölf Jahren, am Tag meiner Kommunion (*bat mitzvah*), als ich mich bei meinen Eltern über meinen Vornamen beschwerte, der mir nicht gefiel, erfuhr ich, wie es dazu gekommen war. Meine Eltern wollten das Andenken meines Großvaters weiterleben lassen, der 1944 von den Deutschen lebend verbrannt worden war, mit seiner Frau und seinem kleinen Sohn. In ihrer Synagoge von Wischnewo (in Weißrussland), weil er die Thorarolle nicht loslassen wollte, die er vor den Flammen zu retten versuchte. Ich glaube, weder mein Vater noch meine

Mutter konnten die schwere Last dieser Erinnerung, die mein Vorname auslöste, ertragen – obwohl sie sich selbst für ihn entschieden hatten.

Die Generation meiner Eltern ist der Ansicht, dass es zu diesem Teil der Geschichte nicht gekommen wäre, wenn der Staat Israel bereits existiert hätte. Sehr viel später, als im Fernsehen gezeigt wurde, wie die Äthiopier durch Israel gerettet wurden, sagte mein Vater: »Genau das hätte auch zum Zeitpunkt des Holocaust passieren können.« Der Holocaust symbolisierte die menschliche Grausamkeit, aber auch die jüdische Machtlosigkeit. Nach der Gründung des Staates Israel konnte man davon ausgehen, dass diese Machtlosigkeit überwunden war und dass es nie mehr dazu kommen würde.

Da nicht offen über den Holocaust gesprochen wurde, gab es auch lange keine Berichte Einzelner darüber. In den Familien nicht, und schon gar nicht in den Medien. Es war, als herrschte eine allgemeine Verschwörung des Schweigens. Nur in den Schulen wurde darüber gesprochen, und nur so konnten wir eine Verbindung zu unserer unmittelbaren Vergangenheit herstellen, die gleichzeitig so nah und doch so fern war. Mit der Schule besichtigten wir in Jerusalem den »Keller des Holocaust« (*Martef Haschoah*), in dem in bruchstückhafter und recht brutaler Weise ein Teil der nationalsozialistischen Grausamkeiten ausgestellt war: Seifen, die aus Menschenfett hergestellt worden waren, Lampenschirme aus menschlicher Haut …

Ich war etwa fünfzehn, als die Gedenkstätte Jad Waschem eingerichtet wurde: eine große Empfangshalle, in der ständig die Flamme der Erinnerung brennt, und ein riesiges und schönes modernes Museum, in dem Fotos und Dokumente des Holocaust aufbewahrt werden. Das erste Mal war ich mit einer Ferienkolonie dort, an *Tischa Beaw* (dem 9. Tag des Monats Aw). In der jüdischen Tradition ist dies ein Tag der Trauer und des Fastens: An diesem Tag wurde im Jahr 586 v. Chr. der erste Tempel in Jerusalem gebaut und im Jahr 70 der zweite. An diesem Tag wurden auch 1492 die Juden aus Spanien vertrieben, und im Juli 1942 fand an dem Tag die Massenverhaftung von Juden im Vél-d'Hiv-Stadion in Paris statt. Meine Gruppe wurde von einem Hilfslehrer betreut, der uns Kunstunterricht erteilte. Er war selbst ein sehr guter und bereits bekannter Maler. Im Verlauf der Besichtigung blieben wir vor einem Foto stehen, und ehe ich noch begriff, was passierte, war er in Ohnmacht gefallen. Später erfuhren wir, dass er auf diesem Bild seinen Bruder erkannt hatte. Er hatte ihn nie wiedergesehen und wusste nicht, was aus ihm geworden war. Jemand kümmerte sich um ihn, brachte ihn etwas abseits und gab ihm zu trinken. Dieser »Schwächeanfall« ist nie kommentiert oder erklärt worden, aber immer wenn ich auf ein Werk dieses Malers treffe, Jehuda Bakun, dessen Schlichtheit ich bewundere, muss ich an dieses Erlebnis denken.

Die Generation, die diese Qual erlebt hat, konnte nicht darüber sprechen. Wir konnten den Schmerz nicht begreifen, und auch nicht das Schuldgefühl der Überlebenden, das durch unser Unverständnis noch verstärkt wurde. Wir konnten nicht verstehen, warum sie sich »wie Lämmer« hatten behandeln lassen, wie man damals sagte. Das war eine Frage, über die man bei der Ausbildung der Jugend nachdenken musste. Man sagte uns, dass 600 000 Israelis Millionen von Arabern die Stirn geboten hatten, und wir begriffen einfach nicht, warum sich Millionen von Juden nicht gegen die Deutschen hatten behaupten können. *Wie die Lämmer zur Schlachtbank?* So lautete der Titel einer Broschüre, die ein Überlebender damals unter Pseudonym veröffentlichte, weil er unter seinem richtigen Namen noch nicht an die Öffentlichkeit gehen konnte.

Die ersten Bücher, die ich über den Holocaust las, führten bei mir zu solchen Albträumen, dass meine Mutter zu meiner Lehrerin ging, damit sie mir diese Lektüre verbot. Es hieß, dass dies Bücher für Erwachsene seien, die für Kinder untersagt seien. Der Direktor ließ mich in sein Arbeitszimmer rufen und erklärte mir, dass Bücher über den Holocaust wirklich zu grausam für ein Kind meines Alters seien. Dieser freundliche Mann, dieser Pädagoge der alten Generation, brachte in energischem Ton die innerste Überzeugung der Israelis jener Zeit zum Ausdruck: »Wir sind alle nach Israel gekommen, um ein neues Leben anzufangen.« Israel sollte in der Geschichte des jüdischen Volkes eine Seite öffnen, in der es keine Leiden gab. Die Kinder sollten die Erfahrung des Leidens nicht machen. Vielleicht sind wir dadurch später so wenig feinfühlig und zum großen Teil unsensibel geworden, wenn wir auch sehr widerstandsfähig sind … Um eine neue Zukunft aufzubauen, mussten wir einen Schlussstrich unter dieses Drama ziehen, wir mussten uns von der Vergangenheit lösen und auf die Stärke setzen. Menschen, die von außerhalb kamen, waren darüber oft schockiert. Dies ging sogar so weit, dass man uns den Spitznamen *sabra* anhängte, den Namen einer Kakteenfrucht, die außen voller Dornen, innen aber ganz weich ist.

Einige der Überlebenden tragen stets langärmelige Kleidung, selbst im Sommer, wenn es in Israel sehr heiß ist. Sie wollen die Nummern verstecken, die in ihre Arme eintätowiert sind. Andere zeigen sie demonstrativ und wieder andere haben sie chirurgisch entfernen lassen. Die Zeitungen fragten polemisch: Hatten sie das Recht, diese »Beweise« operativ entfernen zu lassen oder nicht?

Ich erinnere mich an eine erschütternde Begegnung mit einer sehr schönen Frau, als ich bereits Mutter war. Sie war Verkäuferin in einem Supermarkt in Tel Aviv und besaß eine fremdländisch anmutende Schönheit: helle Haut und einen Blick von durchscheinendem Blau. In ihrem Verhalten lag etwas Widersprüchliches. Manchmal gab sie sich vollkommen ihrer Arbeit hin; sie schnitt den Käse wie damals niemand sonst in Tel Aviv. Ein anderes Mal war ihr Blick ganz ausdruckslos. Ich hatte die Gefangenennummer aus dem Konzentrationslager auf ihrem Unterarm bemerkt. Eines Tages erzählte ich ihr, dass ich so gern bei ihr Käse kaufte, weil mein Mann Franzose war. Da schaute sie mich an und sagte: »Welch eine gesegnete Generation!« Einige Wochen später, als ich wieder zu ihr kam, sah ich, wie sie vor einer Frau ihres Alters erstarrte. Ehe ich noch begriff, was los war, schrie sie auf: »Anuschka!«, worauf die andere Frau bewusstlos zusammenbrach. Als ich ihr aufhalf, bemerkte ich, dass diese Frau ebenfalls eine Nummer auf ihrem Unterarm trug. Später erfuhr ich, dass beide dieselbe Zelle geteilt und sich seitdem nie mehr gesehen hatten.

Durch die Geschichte meines Mannes wurden die Erzählungen, die ich über den Krieg gehört hatte, durch eine europäische Quelle ergänzt. Raphi ist in Montirat geboren, einem kleinen Dorf in der Dordogne, wo sein Vater zu Beginn des Krieges einen Bauernhof gekauft hatte. Die Familie hatte Polen verlassen, weil die Juden dort von den Universitäten ausgeschlossen wurden. Frankreich war für sie nur eine Übergangsstation auf dem Weg nach Palästina. Der Vater hatte Agronomie studiert und die Mutter Medizin, beide Berufe galten als besonders nützlich für Palästina. Der Rest der Familie war ihnen wenig später gefolgt und hatte sich in Paris niedergelassen. Aber nach der Invasion der Deutschen hielt Raphis Vater es für besser, Paris zu verlassen und das Leben eines Städters gegen das eines Bauern zu tauschen. Der Großvater, der Französisch mit einem starken Akzent sprach, ließ sich eine Bescheinigung ausstellen, dass er taubstumm war. Alle glaubten, dass sie mit ihren falschen Papieren gut geschützt waren, bis eines Tages der Bewohner eines Nachbardorfes zu ihnen kam, den sie nicht kannten, und sie davor warnte, dass eine deutsche Patrouille im Anmarsch war. Da wurde ihnen klar, dass alle im Dorf und in der Umgebung wussten, dass sie Juden waren. Bei jedem Alarm verließen sie den Bauernhof und versteckten sich in den Wäldern. Aus Angst vor den Deutschen vertrauten sie einem Nachbarn im Dorf das ganze schöne Silber an, das sie aus Warschau mitgenommen hatten. Vor allem einen prächtigen Leuchter aus massivem Silber. Am Abend vor dem Hanukka-Fest (das Fest des Lichtes, das acht Tage dauert, wobei jeden Tag eine Kerze mehr angezündet wird) holte der Großvater trotz der Gefahr diesen Kerzenleuchter, um die traditionellen Kerzen anzünden zu können.

Zwei Tage später wurde der Bauernhof dieses mutigen Nachbarn mit dem ganzen herrlichen Silber durch deutsche Soldaten angezündet und ging in Flammen auf. Doch wie durch ein Wunder blieb der Leuchter erhalten. Er steht heute in Jerusalem, bei einem Onkel von Raphi, dem einzigen Sohn der Familie, der überlebt hat. Sein Bruder Jegyk, der Arzt war, wurde bei einer Razzia festgenommen, als er den Bauernhof verlassen hatte, um sich mit seiner Verlobten in Nizza zu treffen. Man hat ihn nie wieder gesehen. Alle anderen Familienmitglieder, die in Polen geblieben waren, sind im Holocaust umgekommen.

Auch das Dorf Pressignac, gleich neben der Siedlung, in der die Familie in der Dordogne gelebt hatte, hat sehr gelitten. Ende 1944 kam eine deutsche Truppe durch das Dorf, die Deutschen waren schon auf dem Rückzug. Sie brachten sechsundzwanzig Männer auf dem Dorfplatz zusammen, die sie völlig willkürlich ausgesucht hatten, und erschossen sie. Wenn man heute Pressignac besucht, kann man auf dem Dorfplatz die Namen dieser Männer lesen, die dort ohne jeden Grund getötet worden sind. Die Kriegsmaschinerie, die gegen die Juden eingesetzt wurde, hat im friedlichen Leben dieser Dörfer Wunden hinterlassen. Heute sind sie eher für die Qualität ihrer Gastronomie bekannt.

Ich war in einer gewissen Unbedarftheit aufgewachsen, und es scheint mir, als hätte ich diese durch die Lektüre der Bücher über den Holocaust verloren. Die Leidensgeschichte der Juden verfolgte mich. 1986 erschien die Originalausgabe eines Buches von David Grossman, dessen deutsche Übersetzung unter dem Titel *Stichwort: Liebe* erschienen ist. Es ist eines der Bücher, die ich gern selbst geschrieben hätte. Momik, ein Junge aus Jerusalem, einziger Sohn einer Familie, die den Holocaust überlebt hat, beschließt, Nachforschungen anzustellen, um »das Land da unten« kennen zu lernen, dessen Namen man noch nicht einmal nennen darf. Das Buch besteht aus zwei Teilen: einer Erzählung und einem Glossar, von dem es heißt, es sei ein »Versuch, die meisten Ereignisse im Leben eines Menschen in einem Nachschlagewerk zusammenzustellen«. Das Glossar enthält Worte, die man in diesem Land verwenden würde. Mit seinem literarischen Können und seiner Feinfühligkeit ist es Grossman gelungen, den Menschen, die unter uns lebten, eine Sprache zu verleihen, ohne ihr Land oder ihre Muttersprache zu erwähnen. Ich glaube, mein Leben wäre anders verlaufen, wenn diese literarische Gestalt Momik dreißig Jahre früher entstanden wäre, als ich in seinem Alter war. Und mein Herz hätte vielleicht die Worte gefunden, die uns so sehr fehlten.

Auf dem Gymnasium: Eine gezähmte Schülerin

Mit vierzehn rebellierte ich gegen die schulische Disziplin und weigerte mich, aufs Gymnasium zu gehen. Ich wollte lieber in der Bibliothek lesen, Platten hören oder Klavier spielen. »Wenn sie nicht gehen will, dann soll sie nicht gehen«, sagte meine Mutter, die immer eine sehr liberale Auffassung von Erziehung hatte und der Ansicht war, dass ich meine Meinung ganz von selbst ändern würde. Mein Vater aber hatte da eine ganz andere Einstellung. »Du willst nicht lernen? Dann geh arbeiten!« Angesichts solcher Toleranz machte die Revolte keinen Sinn mehr. Ich meldete mich schließlich in einem Gymnasium an, das recht ungewöhnlich war. Es war das einzige Gymnasium, das sich selbst verwaltete. Ich war in einem Land aufgewachsen, in dem Kinder manchmal grenzenlose Freiheit genossen. Die neue Generation Israels sollte leben, wie es ihr gefiel. Man brach mit den autoritären Traditionen Europas, die unsere Eltern so enttäuscht hatten. Ich sehe darin eine totale Verweigerung gegenüber den guten europäischen Sitten, die in den feinen Familien in Italien und Deutschland üblich waren, die die Gewalt nicht hatten kommen sehen und ihr nicht die Stirn hatten bieten können.

Die anderen Gymnasien in Israel wurden von den Städten verwaltet. Mein Neues Gymnasium – so hieß es – wurde von den Unterrichtenden verwaltet, die gleichzeitig Lehrer und Eigentümer waren. Mein Mathematiklehrer war Russe und hatte promoviert. Er brachte uns russische Bücher mit, die er uns nach und nach übersetzte. Darin gab es alle möglichen Fragen und Spiele, die echte intellektuelle Herausforderungen waren. Ich hatte einen doppelten Genuss daran: den, die kyrillische Schrift zu entziffern und den, die Rätsel zu lösen. Für ihn war Mathematik eine Leidenschaft, kein Schulfach. Ihm habe ich meine Liebe zu diesem Fach zu verdanken und meinen Hang zur Informatik.

Die meisten Lehrer unterrichteten, was sie gern hatten, und sie bemühten sich, für uns didaktisches Material zu finden, wie sie es für sich selbst getan hätten. Der Lehrer für hebräische Literatur machte uns mit den verrufenen Dichtern Verlaine und Rimbaud bekannt, in Übersetzungen, die er und seine Freunde angefertigt hatten, so dass wir die Texte bereits kannten, noch ehe sie verkauft wurden. Dank dieses Lehrers war mir schon ein Teil der intellektuellen Szene von Paris vertraut, als ich zum ersten Mal nach Frankreich reiste. Die junge Frau, die uns in Grammatik unterrichtete, stellte uns neuartige Analysen vor (sie sprach mit uns schon über Chomsky, als sein berühmtestes Buch noch gar nicht veröffentlicht war). Und als ich in den Vereinigten Staaten am Massachussetts-Institut für Technologie, einem Zentrum für linguistische Studien, studierte, war mir die moderne Linguistik bereits vertraut.

Bei unserer Musiklehrerin, einer virtuosen Geigenspielerin, die auf eine Karriere in Europa verzichtet hatte, traf ich zum ersten Mal Kinder, die in ihrer Entwicklung zurückgeblieben waren. Sie lehrte sie Ausdruck und Vortragsarten. Ihr verdanke ich meine erste Sensibilisierung für die Sonderpädagogik. Ich war Mitglied im Chor und im Orchester, die sie beide am Gymnasium aufgebaut hatte. Meine Leidenschaft für die Malerei und für Farben verdanke ich meinem damaligen Kunstlehrer. Er wurde später Direktor der israelischen Akademie für schöne Künste.

Dank dieses Gymnasiums lernte ich Arabisch aus Zeitungen und aktuellen Veröffentlichungen, die unser Lehrer extra für uns kommen ließ. An anderen Schulen wurde anhand sehr konservativer Bücher unterrichtet. Aber der große Unterschied lag vor allem darin, dass bei uns die arabische Sprache mit dem Ziel vermittelt wurde, »den Nachbarn kennen zu lernen«, während der Tenor in den anderen Schulen darauf lag, Arabisch zu lernen, um »seinen Feind kennen zu lernen«.

Doch selbst unter diesen Bedingungen war es nicht leicht, Arabisch zu lernen. Meine Einführung in die Linguistik zeigt vielmehr, wie komplex das Leben in Israel ist, wie ambivalent in kultureller und emotionaler Hinsicht. Ich fing mit vierzehn an, Arabisch zu lernen, und nach vierzig Jahren fühle ich mich immer noch als Anfängerin. Trotzdem liebe ich diese Sprache. Meine Mutter kann den palästinensischen Akzent sehr schön nachahmen. Als leidenschaftliche Anhängerin des Hebräischen interessiere ich mich vor allem für den Vergleich mit anderen semitischen Sprachen. Ich liebe die Musik und die arabische Poesie, aber ich bin nicht in der Lage, öffentlich eine Rede in dieser Sprache zu halten. Das ist mir ein Rätsel! Handelt es sich um eine persönliche Blockade? Dagegen habe ich erst mit 21 angefangen, Französisch zu lernen, bei einem einjährigen Aufenthalt in Paris, und ich würde jederzeit ans Rednerpult gehen oder ein persönliches Gespräch in dieser Sprache führen.

Wir sind in einem jungen Land aufgewachsen, in dem noch keine hebräischen Schulbücher zur Verfügung standen. Fünfzig Jahre zuvor, 1913, hatte der so genannte Krieg der Sprachen stattgefunden. Als die polytechnische Schule in Haifa eröffnet wurde, die unter dem Namen *Technion* bekannt war, waren die Lehrer in zwei Lager geteilt. Die Mehrheit hatte beschlossen, deutsche Schulbücher für die höheren Klassen zu benutzen. Die Schüler, die von einer Minderheit der Lehrer unterstützt wurden, traten in einen Streik und weigerten sich, die Vorstellung zu akzeptieren, dass in einer Schule, die in Palästina gegründet worden war, in deutscher Sprache unterrichtet wurde. Erst am Ende dieses langen Streiks fing man an, wissenschaftliche Bücher in hebräischer Sprache zu verfassen. Diese Lehrer und militanten Schüler hatten bewiesen, dass Hebräisch – eine Sprache, die lange Zeit nur den heiligen Texten vorbehalten war – neue Anwendungsbereiche finden und eine gesprochene Sprache werden konnte, eine Alltagssprache.

Die Direktorin, die meine Schule gegründet hatte, war eine kleine Dame deutscher Herkunft. Sie war so klein, dass wir sie bei ihrem Vornamen nannten, Toni. Doch wir legten in dieses Wort sehr viel Respekt. Als ihr Mann nach Palästina kam, kehrte er zunächst tagsüber die Straßen. Abends studierte er Philosophie. Er tat dies aus freiem Willen. Beide waren der Meinung, dass die Juden, die nach Israel kamen, selbst für die Aufteilung aller Arbeiten sorgen mussten. Und beide unterrichteten, weil sie überzeugt waren, dass man auf die Erziehung setzen musste, wenn man in Israel eine neue Gesellschaft aufbauen wollte.

Ich war ganz rebellisch, als ich in das Gymnasium eintrat. Ich lehnte jegliche autoritäre Disziplin ab – und ich traf dort zahlreiche Persönlichkeiten, die sich für das politische Leben engagierten, Künstler oder Pädagogen von großem Ansehen, die ihre Freude an der Entwicklung der intellektuellen

Fähigkeiten mit mir teilten. Ich traf auch viele, die später das öffentliche Leben Israels entscheidend prägen sollten, wie etwa den Cineasten Assi Dajan, Mosches Sohn, oder Daniel Barenboim, den berühmten Pianisten und Dirigenten.

Am Ende meiner Schulzeit war mein Weg vorgezeichnet, wie für viele andere Jugendliche in Israel auch. Der Dienst für die Nation war vorrangig, und es stand außer Frage, dass man sich der Verteidigung Israels widmete. Die Mädchen mussten zwei Jahre dienen, die Jungen drei. Ich hatte bis dahin bei meiner Familie in Tel Aviv gewohnt, im Zentrum des Landes. Für den Militärdienst musste ich die Großstadt verlassen und zwei Jahre im Süden verbringen, mitten in der Wüste.

In der Armee: Einfache Soldatin

Die israelische Gesellschaft neigt dazu, Menschen eher nach ihrem Militärdienst zu beurteilen als nach ihrer Schulausbildung oder ihrer Universitätslaufbahn. Das gilt immer noch. Man fragt Sie nicht, welches Gymnasium Sie besucht, sondern in welcher Einheit Sie gedient haben. Lassen Sie zwei Israelis, die sich noch nie begegnet sind, einmal in einem Raum allein. Eine Viertelstunde später haben sie gemeinsame Familienangehörige oder eine gemeinsame militärische Vergangenheit entdeckt.

Der Militärdienst spielte in der israelischen Gesellschaft eine beachtliche verbindende Rolle, weil dort soziale Unterschiede oder Grenzen zwischen Frauen und Männern zum Teil wegfielen. Für die Mitglieder eines Kibbuz, die Kibbuzniks, die in engen Gemeinschaften lebten, war dies eine Gelegenheit, Leute aus der Stadt kennen zu lernen. Und die Einwohner Tel Avivs trafen dort oft zum ersten Mal Menschen aus den »Entwicklungsstädten«, aus jenen städtischen Randgebieten, in denen häufig die Neuankömmlinge aus anderen Ländern wohnten. Es war ein Ort, an dem man die »anderen« kennen lernen konnte. Ich traf dort zum Beispiel zum ersten Mal junge Juden aus Marokko, die seit den fünfziger Jahren in Israel lebten. Ich lebte zwei Monate lang mit orthodoxen Nonnen zusammen, die während der morgendlichen Märsche die Psalmen Davids sangen. Und dort freundete ich mich auch mit einigen Drusen an – sie dienten in einer Militärbasis in unserer Nähe.

Die Armee ist eine junge Gesellschaft, in der die Soldaten während der Übergangszeit vom Jugend- zum Erwachsenenalter in einem Maß Verantwortung übernehmen, wie es in diesem Alter im zivilen Leben niemals der Fall wäre. In diesem künstlichen Zeitraum, den sich niemand wirklich freiwillig ausgesucht hat, entstehen die ersten Liebesbeziehungen, werden die ersten dauerhaften Freundschaften geknüpft. Die Armee, die pausenlos auf Bedrohungen reagieren muss, denen das Land ausgesetzt ist, wurde unweigerlich verherrlicht. Die Offiziere nehmen in der zivilen Gesellschaft oft eine unangemessen hohe Stellung ein.

Die ganze Welt glaubte in uns schönen Soldatinnen, die lächelnd ihr Gewehr in der Hand hielten, das ruhmreiche Bild eines jungen modernen Landes zu sehen, das befreit war und in dem Gleichberechtigung herrschte. Die meisten israelischen Bürger hatten selbst lange die Illusion, die Frauen in Israel hätten den gleichen Status wie die Männer. In

Wirklichkeit aber täuscht dieser Eindruck, wie ich bereits sagte, und dies hat einen geradezu perversen Effekt. Ja, die Frauen leisteten ihren Militärdienst wie die Männer; ja, Frauen und Männer hatten die gleichen Uniformen an; ja, genau wie sie trugen sie Waffen – aber damit enden die Gemeinsamkeiten auch schon. In der Armee wie im Kibbuz fanden sich die Frauen in den gleichen traditionellen Rollen wieder: Sie wurden Lehrerinnen oder Sekretärinnen bei den höheren Offizieren. Alles andere ist ein Mythos.

Israel musste einen Reifungsprozess durchmachen, ehe es möglich war, dieses Thema öffentlich zu diskutieren. Zunächst kam es zu einer Phase der Desillusionierung, nun beginnt man allmählich mit einer mutigen Neuformulierung. So findet man immer mehr junge Frauen an Stellen, die sonst den Männern vorbehalten waren, zum Beispiel als Ausbilderin von Soldaten bei der Infanterie, von Fahrern der Panzerfahrzeuge oder von Soldaten der Artillerie. Seit 2001 gibt es keine getrennten Aufgabenbereiche mehr für Frauen. In jenem Jahr kam es zu einer Premiere: Erstmals durfte eine Soldatin sich »Kriegspilotin« nennen.

Nach der Art, wie meine Eltern mich erzogen hatten, und nach meiner schulischen Ausbildung hätte man vielleicht erwartet, dass ich die Offizierslaufbahn einschlagen würde. Aber mir war es lieber, einfache Soldatin zu bleiben, ohne jeden Dienstgrad. Es gab dafür einen triftigen medizinischen Grund: Ich hatte mir bei den Übungen einen Wirbel gebrochen, so dass ich keine Waffen tragen durfte. Aber wie dem auch sei, ich bin eine Art verkappte Pazifistin und hatte immer eine echte Aversion gegen Waffen.

Ich beschloss also, meinen Militärdienst in der Nahal-Einheit abzuleisten, der »Kämpfenden Pionierjugend«. Dieser Teil der Armee sollte bestimmte Landesteile für Israel urbar machen, die meist in Wüstengebieten lagen, in der Nähe der Grenze. In diesen gefährlichen Gegenden, in denen es keinerlei Infrastruktur gab, konnte sich die Zivilbevölkerung nur schwer niederlassen. Im Gegensatz zu Siedlern, die sich aus eigener Initiative – und aus ideologischen Gründen – einen bestimmten Ort aussuchen, verfolgen die Pioniere eine Politik, die vom Staat vorgezeichnet wird, um Boden nutzbar zu machen. In beiden Fällen sind die Lebensbedingungen hart.

1964 verließ ich Tel Aviv. Ich war achtzehn, und diese Jahre waren für mich von ganz besonderer Bedeutung. Ich wurde in die Arava-Wüste entsandt, in die trockenste Ebene Israels, zwischen dem Toten Meer und Eilat, sechs Stunden von Tel Aviv entfernt. Der Ort namens Gerofit befindet sich auf einem Hügel, von dort blickt man auf die Mondlandschaft der Wüste. Im Westen liegt Ägypten, im Osten Jordanien. Ich konnte nie genug davon bekommen, am Abend die verschiedenen Rottöne zu betrachten, die sich immer wieder veränderten und die Berge umspielten. Genau an dieser Stelle wurde Jahre später das Friedensabkommen mit Jordanien abgeschlossen. Ich kehre immer noch mehrmals im Jahr dorthin zurück, im Zusammenhang mit einem Erziehungsprojekt, das die Schule der umliegenden Kibbuzzim mit zwei jordanischen Schulen des gegenüber liegenden Gebirges durchführt. Gerofit liegt vierzig Kilometer von Eilat entfernt – einer der schönsten Stellen für Taucher. Jedesmal wenn ich zum Tauchen dorthin fahre, komme ich an dem Ort vorbei und das Panorama raubt mir den Atem.

Am Anfang bestand Gerofit nur aus dreißig Zelten. Die Soldaten der Nahal-Einheit haben nach und nach Häuser gebaut und Wasser dorthin gebracht, sowie – um für etwas Erfrischung zu sorgen – eine Art Klimaanlage. Ganz schlichte Vorrichtungen, die *desert cooler* genannt wurden (»Wüstenkühler«). Aus diesen Apparaten lief Wasser tropfenweise über ein Gitter. Dadurch wurde die Luft etwas abgekühlt, denn sechs Monate des Jahres herrschten Temperaturen zwischen dreißig und vierzig Grad. Für uns war dies »feuchte Musik«.

Gerofit wurde eine der ersten Anbauflächen in der Wüste: Während es in Europa schneit, produziert Israel hier Blumen, Zucchini und Melonen. Ich habe viele Stunden mit Feldarbeit zugebracht, mit Agronomen, die die Bedingungen für den landwirtschaftlichen Anbau auf trockenem Boden erforschten. Sie amüsierten sich darüber, dass ein junges, gebildetes Mädchen aus der Großstadt Erdproben für sie sammelte.

Dieses Leben in einer Gemeinschaft mit vierzig Personen war sehr einfach und ohne jeglichen Komfort. Aber wir hatten eine ausgesprochen dankbare Aufgabe zu erfüllen, denn in Gerofit ist ein Kibbuz entstanden. Es ist eine einzigartige Erfahrung, daran beteiligt gewesen zu sein. Wir waren nicht nur mit der Landwirtschaft beschäftigt. Unsere Zeit war aufgeteilt in militärische Übungen, die wegen der Hitze am frühen Morgen und späteren Abend absolviert werden mussten (allerdings nur von den Männern), Feldarbeit und Wartungsarbeiten.

Am Horizont sah man absolut nichts, außer ein paar winzigen grünen Flecken hier und da. Wenn man heute, rund dreißig Jahre später, den Süden Israels überfliegt, sieht man im ganzen Tal von Arava große Grünflächen, Palmenhaine, Schwimmbecken und eine Kette ländlicher Dörfer. Wenn ich von meinem gemütlichen Sitz aus durch das Flugzeugfenster nach unten blicke, kommt es mir vor, als lächelten diese grünen Flecken mich an und als zwinkerten die kleinen Schwimmbecken mir als Zeichen des geheimen Einverständnisses zu.

Die Pionierjugend sollte dort Pflanzungen anlegen, Land fruchtbar machen. Die Tatsache, dass ich meinen Militärdienst in einer Einheit absolvierte, die Landschaften aufbauen sollte, während das Ziel einer Armee sonst eher die Zerstörung ist, bestärkte mich. Die Pioniere, die ihren Dienst abgeleistet hatten, konnten als Zivilpersonen am Ort bleiben, wenn sie wollten. In gewissem Sinn ähnelte diese Erfahrung der Schöpfungsgeschichte. Als wir ankamen, gab es absolut nichts; und als ich wieder wegging, gab es Häuser und bebaute Felder. Die Schönheit des Ortes wurde dadurch in unseren Augen noch verstärkt. Gerofit hat dann die gleiche Entwicklung durchgemacht wie viele andere Kibbuzzim in Israel auch. Heute leitet einer meiner Freunde dort eine Grundschule und eine Freundin hat einen Reiterhof aufgebaut für Kinder, die Schwierigkeiten haben. Die Wüste zum Blühen bringen, das ist wahrhaftig mehr als ein Mythos: Es ist einer der großen Erfolge Israels.

Unser Tagesrhythmus folgte dem Lauf der Sonne: Während der Stunden, in denen die Hitze am stärksten war, dachte ich nach oder las. Ich habe in der Arava-Wüste Stunden damit verbracht, die Bibel oder Romane zu lesen, auch eines meiner ersten feministischen Bücher, *Das indiskrete Zimmer* von Lynne Reid Banks. Wie nirgends sonst nutzte man hier die nächtlichen Stunden, um sich zu sammeln, während der sanfte Nachtwind seine Düfte herantrug. Während der weniger heißen Jahreszeiten unternahmen wir viele Spaziergänge. Sobald ich einen Tag frei hatte, zog ich los, um die Umgebung von Gerofit zu Fuß zu erkunden. Diese Landschaft, die auf den ersten Blick vielleicht monoton erscheint, erweist sich als außergewöhnlich, wenn man sie zu Fuß entdeckt. Die Kargheit der Natur zwingt dazu, auf jede Einzelheit zu achten. Man kann dort Tiere beobachten, die kommen, um aus den Felslöchern zu trinken. Man erkennt kleine Pflanzen, die alle möglichen Methoden entwickelt haben, um Wasser zu speichern: Wimpern, Falten, Taschen oder winzige Härchen, die den Tau festhalten und die Verdunstung verhindern. Die Formen der Gebirge und Felsen, die wir als »Skulpturen Gottes« bezeichnen, bilden zahlreiche Bühnenbilder für Stücke, die noch nicht gespielt worden sind. Es ist nicht verwunderlich, das die Mönche, die ins Heilige Land kamen, die Wüste als ihren Rückzugsort wählten.

Auf meinen Wanderungen kam ich an einer Militärbasis vorbei, die von Drusen geführt wurde. Sie befand sich etwa eine halbe Stunde von Gerofit entfernt. Diese Menschen bereiteten einen Kaffee mit Kardamom zu, den ich vergeblich nachzuahmen versucht habe. Ich liebte es, mich mit ihnen zu unterhalten und mit meinen spärlichen Kenntnissen in der gehobenen arabischen Sprache zu prahlen, die ich am Gymnasium erworben hatte. Sie unterschied sich sehr von jener Sprache, die sie untereinander benutzten. Meine Schulkenntnisse erwiesen sich als absolut unzureichend. Sie erlaubten mir gerade, »so zu tun, als würde ich sprechen«, aber sie ermöglichten mir nicht, wirklich zu kommunizieren.

Die Drusen sind eine Sekte, deren Religion geheim ist. Sie sind in mehreren Ländern verstreut: Israel, Syrien, Libanon. Eine ihrer Regeln lautet, dass sie dem Staat, der sie aufnimmt, treu sind. Das ist oft nicht unproblematisch. Anders als die Araber, die in Israel leben und keinen Militärdienst leisten, haben die Drusen – zumindest die jungen Männer – sich dafür entschieden, in der Armee zu dienen. Ich habe viele Jahre gebraucht, um zu verstehen, wie schön und wie komplex diese kleine Minderheit in Israel ist – und um zu erkennen, wie ungleich unsere Beziehungen waren. Während ich mir mit meinem Arabisch sehr ungeschickt vorkam, sprachen sie perfekt Hebräisch. Immer wenn wir zu einer gemeinsamen Wanderung aufbrachen, legten wir bei ihnen eine Pause ein, um Kaffee zu trinken. Später, nachdem ich meinen Militärdienst beendet hatte, wurde ich im Dorf eines jungen Drusen empfangen, mit dem ich mich angefreundet hatte. Und mir wurde bewusst, dass ich ihn noch nie zu mir eingeladen hatte.

Diese Zeit beim Militär, im Dienst für die Nation, war so friedlich und im Grunde so wenig militärisch, dass ich wünschte, sie würde zum Modell für alle Jugendlichen Israels und der Region.

Vom kleinen Israel ins große Paris

Im Verlauf meines Militärdienstes habe ich nicht nur die Schönheit des Südens von Israel entdeckt, sondern auch die neuer menschlicher Landschaften. Ich musste meinen Horizont noch erweitern. Ich hatte Lust, Europa kennen zu lernen, diesen Kontinent, den ich nur durch meine Lektüre kannte. Vor allem hatte ich »Heimweh« nach Paris, einer Stadt, in der ich noch nie gewesen war (die aber in den Werken israelischer Künstler sehr präsent ist), und nach Frankreich, dem Land der Intellektuellen, das mein Vater in seinen Reiseberichten als Verbündeten Israels bezeichnete.

In Israel fühlten wir uns belagert: Wir lebten in einem kleinen Land von sechshundert Kilometern Länge, das an manchen Stellen gerade einmal zwanzig Kilometer breit ist und das man nicht verlassen konnte ... Natürlich gibt es eine Vielzahl von Klimazonen, Vegetationsarten und Landschaften auf dieser kleinen Oberfläche, aber damals gab es keine offene Grenze. Im Norden grenzt Israel an den Libanon und an Syrien, diese Grenze ist noch heute geschlossen; im Süden und Osten liegen die Grenzen zu Ägypten und Jordanien, die jetzt offen sind. Was diese »Öffnung« bedeutet, ist allerdings relativ. Wenn ein Reisender die Grenze zwischen Frankreich und Belgien überquert, ist das ein ganz banaler Akt. Bei uns aber hängt der Begriff der offenen Grenze immer vom aktuellen politischen Klima ab: Wer Pech hat, trifft auf Komplikationen, die typisch für den Nahen Osten sind.

Aufgrund dieses Eingeschlossenseins innerhalb enger Grenzen haben wir das Gefühl entwickelt, in gewisser Weise das Zentrum der Welt zu sein und kamen schließlich zu der Einschätzung, alle seien gegen uns. Unsere Informationen erhielten wir im Wesentlichen über die israelischen Medien. Israel rief damals in der ganzen Welt bereits starkes Interesse und starke Emotionen hervor, die in keinem Verhältnis zur Größe und Bevölkerungszahl dieses Landes standen.

Meine Eltern haben meine Generation aufwachsen sehen, die erzogen wurde wie »Prinzen der Nachkriegszeit«, weil man fürchtete, wir könnten uns für die Zukunft zu enge Ziele stecken. Für sie bedeutete meine Reise nach Europa ein Sich-Öffnen für das Englische und Französische, und eine gute Einführung in die klassischen und europäischen Kulturen. Ich reiste also allein, mit meinem Rucksack, was damals für ein Mädchen noch sehr ungewöhnlich war. Es gab mehrere Gründe, warum ich mich als Individuum behaupten wollte. Nach dem Leben in der Gemeinschaft während des Militärdienstes, wo jeder auf die Gruppe angewiesen war, hatte ich das Bedürfnis, allein zu sein. Heutzutage ist dieser Schritt praktisch zum zweiten Teil des Initiationsritus vom Jugendlichen zum Erwachsenen geworden. Der erste Teil, der Militärdienst, ist hart und aufgezwungen. Daher gehen unsere Jugendlichen seit den achtziger Jahren auf Abstand und reisen durch Südamerika oder den Fernen Osten. Diese Pause kann einen Monat dauern, aber auch mehrere Jahre.

Außerdem war ich, sobald ich meinen Namen nannte – gleich, unter welchen Umständen –, sofort »die Tochter von ...«. Ich wollte einmal anonym sein. In Europa geht der Name Peres ohne Weiteres als alltäglicher und häufiger spanischer Familienname durch. Ich wollte auch die Möglichkeit haben, einmal nur für mich über politische und gesellschaftliche Probleme nachzudenken. Und schließlich hoffte ich, Israel von der Entfernung aus der Perspektive »des Auslands« betrachten zu können.

Nach Frankreich reiste ich durch Italien, die Niederlande, Skandinavien bis zum Nordkap und schließlich nach England, wo ich mehrere Monate blieb. Was mich nach dem Leben in der Wüste vor allem anzog, waren die blauen und grünen Landschaften, die von viel Wasser umgeben waren, wie die unzähligen Fjorde, die ich mit der geradlinigen

Küste verglich, die die einzige offene Grenze Israels bildet. All diese Flüsse und Seen hatten auf den Landkarten noch nicht einmal eine Bezeichnung, während in Israel jeder Wassertropfen einen Namen erhielt! Verdiente unser kleiner Jordan, der so gerühmt wird, überhaupt noch die Bezeichnung »Fluss«? Wie war es möglich, dass es in Europa so viel friedliches Wasser gratis gibt, während es im Nahen Osten so teuer ist und eine Quelle der Zwietracht bedeutet, die immer noch Streit auslöst? Ich habe in Europa auch die Schönheit der Sonne gesucht, zu der ich eine besondere Beziehung habe, fast wie zu Gott. Ohne die Sonne aufzustehen ist, als sei der liebe Gott noch nicht wach und habe »seinen Laden noch nicht geöffnet«.

Zwischen Norwegen und Schweden gab es keinen Stacheldraht, auch keine Soldaten. Man merkte kaum, dass man in ein anderes Land kam. Nur die Einrichtung der Geschäfte markierte die Grenze. Ich wusste noch nicht, dass diese beiden Länder bei der Lösung des Nahostkonflikts eine Rolle spielen sollten – mit den Vereinbarungen in Oslo.

Um meine Reise zu finanzieren – und meine Unabhängigkeit zu bewahren –, arbeitete ich, wann immer sich eine Gelegenheit dazu bot. Und ich fand überall, wohin ich kam, Arbeit. In Norwegen half ich auf einem Bauernhof bei der Obsternte (das hatte ich in Gerofit gelernt); in Schweden arbeitete ich mit an der Einrichtung einer Herberge (darin war ich seit meiner Kindheit Expertin!). Überall, vor allem in England und Frankreich, habe ich Kinder betreut und einen stattlichen Ruf als Babysitterin erworben.

Um richtig Französisch zu lernen, arbeitete ich als Aupairmädchen in einer französischen Familie. Die Dame, bei der ich angestellt war, wunderte sich eines Tages, als sie nach Hause kam und sah, dass ich das Parkett einwachste und dabei den Radiosender France Musique hörte. »Wie schön Sie das gemacht haben! [Ich hatte zum ersten Mal in meinem Leben einen Parkettboden eingewachst.] Aber es tut mir Leid, dass ich Ihnen noch nicht gezeigt habe, wie man den Sender wechselt.« Sie dachte, dass kein Aupairmädchen freiwillig klassische Musik hört. Sie fing an, sich für mich zu interessieren, als sie erfuhr, dass ich Israelin war und dass ich wirklich gern klassische Musik hörte. »Erzählen Sie mir von Ihrem Militärdienst. Waren Sie im Krieg? Ich werde Ihnen einen Kaffee machen.« Ich hatte schon erwähnt, welch unheilvolle Auswirkungen es hat, wenn man die israelische Frau mit der Soldatin gleichstellt, die dieselbe Einstellung zum Krieg hat wie der Mann. Ich brachte es nicht übers Herz, meine Arbeitgeberin zu enttäuschen, indem ich ihr erzählte, dass ich als Pazifistin Spitzhacke und Harke Säbel und Gewehr vorgezogen hatte.

Knapp ein Jahr nach meiner Ankunft in Frankreich beherrschte ich die Sprache schon ganz gut. Ich erhielt ein Diplom von der Alliance Française, das mich berechtigte, diese Sprache im Ausland zu unterrichten. Heute glaube ich, dass ich mich so sehr um Sprachkenntnisse bemühte, damit ich endlich in ein Taxi steigen konnte, ohne dass der Fahrer mich fragte: »Aus welchem Land kommen Sie?« In der Metro las ich die Tageszeitung, von der ich gerade einmal die großen Überschriften verstand. Mit meiner kleinen, eleganten – um nicht zu sagen spießigen – Handtasche ging ich ins Theater, in die berühmte Comédie Française, wo ich ein geschraubtes Französisch hörte, von dem ich gerade einmal so viel verstand, dass ich sagen konnte, dass es kein Hebräisch war. Kurz, ich tat alles, um eine echte Französin zu werden.

Zu dem Zeitpunkt, als ich Kurse an der Alliance Française besuchte, war General Haim Barlev auch Schüler dort. Er wartete auf seine Ernennung zum Generalstabschef der israelischen Armee. Ich habe mich ihm nicht vorgestellt. Meine Eltern hatten beschlossen, mir zu meinem Geburtstag ein Wörterbuch mit französischen Synonymen zu schenken: Mein Vater hatte Barlev mit der wichtigen Mission betraut, mir dieses Geschenk zu überreichen. Er ließ es ihm über die Botschaft mitteilen. Zu seiner großen Überraschung versicherte ihm der General, dass es in seinem Kurs keine Israelin gab … Er rächte sich, indem er mich zu einer kleinen Überraschungsfeier einlud, bei der er mir das Wörterbuch und ein *millefeuille* (Blätterteiggebäck) überreichte, einen köstlichen Kuchen, den wir in unserer Sprache »Napoleoner« nennen.

Er ist seither für mich meine kleine *madeleine* geworden.*

In England vertrauten mir zwei Elternpaare für die Zeit ihres Urlaubs ihre Kinder an. Ich nutzte diese Zeit, um den Kindern viel vorzulesen und Museen mit ihnen zu besuchen. Als die Eltern davon erfuhren, boten sie mir eine Zulage an, so dass ich einen Monat unter etwas besseren Bedingungen leben konnte. Ich mietete ein Zimmer bei einer Dame in Cambridge, der Witwe eines Universitätsprofessors, und schrieb mich in einer recht teuren Privatschule ein, um ein Diplom in Englisch zu erwerben. Bei dieser Dame wohnten noch fünf andere Mädchen aus verschiedenen Ländern, darunter eine Libanesin und eine Deutsche. Ich empfand ein gewisses Unbehagen, wenn ich mit dem deutschen Mädchen sprach (die deutsche Sprache zu hören löste in mir ein schmerzhaftes Gefühl aus), aber ich freute mich sehr, wenn ich jeden Abend am selben Tisch wie die Libanesin essen konnte. Sie war zart und sanft, und ich musste mir immer wieder ins Gedächtnis rufen, dass sie Angehörige eines feindlichen Landes war.

Am 5. Juni 1967 erfuhr ich zu meiner Bestürzung aus dem Fernsehen, dass in Israel der Krieg ausgebrochen war. Später nannten wir ihn den »Sechsta-

---

* Anspielung auf eine Stelle in Marcel Prousts autobiografischem Bericht *Auf der Suche nach der verlorenen Zeit*. Er tauchte die *madeleine* genannten kleinen Sandkuchen als Kind immer in seinen Tee und verband bestimmte Erinnerungen damit. (A.d.Verl.)

gekrieg«. In diesem Blitzkrieg hat Israel viel Territorium erobert, die Golanhöhen im Norden, Samaria, Judäa und vor allem die Altstadt von Jerusalem mit der Klagemauer (*Kotel*) – den einzigen Überresten, die noch vom zweiten Tempel erhalten sind, den die Römer zerstört haben. Dieser Teil Jerusalems war bis dahin immer voller Sehnsucht in den Gebeten, Liedern und in der Literatur erwähnt worden. Während der Besatzung von 1948 im Unabhängigkeitskrieg war die jüdische Bevölkerung in der Altstadt getötet und die Überlebenden waren vertrieben worden. Israel hatte es nie verwunden, auf diesen Teil Jerusalems verzichten zu müssen, um einen Waffenstillstand zu erreichen. Jerusalem ist bis heute die Stadt, die mir am meisten bedeutet. Ich liebte sie früher schon, und ich liebe sie noch mehr, seit ich andere prächtige Städte gesehen habe.

Im englischen Fernsehen saßen Militärstrategen über eine Landkarte von Israel gebeugt und schoben kleine Plastikpanzer wie winziges Spielzeug hin und her, um die Situation im Kriegsgebiet zu erläutern. Diese Art der Veranschaulichung hatte etwas zutiefst Absurdes. Es sah aus wie ein Kinderspiel, das vollkommen unbedeutend war. Ich war in London, während in diesen Panzern Freunde von mir saßen. Sie hatten mit mir zusammen den Militärdienst absolviert, nur dass sie ein Jahr länger dienen mussten als die Mädchen. Das Gefühl der Machtlosigkeit brachte mich zur Verzweiflung und ich wollte sofort nach Hause. Ich konnte nicht mehr passiv vor dem Fernseher sitzen bleiben. In Israel gibt es ein ungeschriebenes Gesetz, das jeden Bürger verpflichtet, in sein Land zurückzukehren, sobald es bedroht ist. Aber in der israelischen Botschaft war eine solche Menschenmenge versammelt, dass ich keine Papiere bekam. Männer und Personen mit medizinischer Ausbildung wurden vorrangig behandelt. Ich musste also darauf verzichten, sofort in mein Land zu reisen, was für eine Israelin einen Verstoß gegen unser Gesetz bedeutete.

Damals verstand ich, dass man ganz kaltblütig vom Krieg reden kann, ohne die einzelnen Menschen zu erwähnen, die dort in der Falle sitzen. Der Krieg kann sogar ein reines Schauspiel sein: Die Leute sehen sich die schlimmsten Gräueltaten an, während sie dabei weiter ihren Kaffee trinken. Es gibt Kriege, die sich im Fernsehen mehr oder weniger gut darstellen lassen – aber schön ist keiner.

Rückkehr in ein verändertes Land

Ich kehrte im August nach Israel zurück, nach den Unruhen im Mai 1968: Mein Land war sehr viel größer als vor meiner Abreise, und es hatte sich grundlegend verändert. Während der nächsten Jahre musste ich neue Landschaften entdecken, zu denen wir nun endlich Zugang hatten. Die Auswirkungen des Sechstagekrieges, der in eine schmerzliche Phase münden sollte, waren vorerst nur auf der Landkarte zu erkennen. Das Land Israel, in dem ich aufgewachsen war, war ein Staat, der nur eine kleine Fläche besaß. Sie hatte eine etwas bizarre Form, aber wir waren enorm stolz darauf. Das neue Israel umfasste Orte, an denen wir noch nie gewesen waren, neue »materielle Grenzen«, wie es der israelische Schriftsteller Amos Oz ausdrückt. Aber diese Landesteile waren alte »Gebiete der Erinnerung«. Im Sinai hatte das israelische Volk die Zehn Gebote empfangen, seitdem war es ein Volk, das durch eine gemeinsame Gesetzgebung verbunden war. Der Name allein erinnert an die Übergabe der Thora und die Verbindung zwischen Gott und seinem Volk. Durch die Heilige Schrift kannten wir jeden Ort in der Wüste Sinai, wo die Kinder Israels auf ihrer langen Flucht aus Ägypten angehalten hatten, denn jedes Jahr lasen wir zum Pessachfest die Haggadah, die Geschichte vom Auszug aus Ägypten. Alle Juden, wo immer sie auch sein mögen, haben die Pflicht, ihren Kindern von dieser langen Reise, die die Geburt unseres Volkes anzeigt, zu erzählen. Denn dieser grundlegende Text sichert die Weitergabe unserer Kultur an unsere Nachkommen. Es gibt unzählige Versionen, häufig sind Illustrationen dabei – im Gegensatz zum Bibeltext, der in der jüdischen Tradition niemals von Bildern begleitet ist. Die Durchquerung der Wüste Sinai durch die Hebräer, die nach der Überlieferung vierzig Tage gedauert hat, symbolisiert das Ende des Sklaventums. Wissen und Mythos verbinden sich darin.

In Gaza, so heißt es in der Bibel, sind sich Samson und Dalila begegnet. Jericho, eine der beiden ältesten Städte der Welt und gleichzeitig diejenige, die am tiefsten gelegen ist (dreihundert Meter unterhalb des Meeresspiegels), wird in der Bibel an der Stelle ganz genau beschrieben, als die Hebräer das Gelobte Land betreten. Josua musste siebenmal um das Land herumziehen, ehe er es erobern konnte. Shilo und Beit El, zwei Dörfer, die im Konflikt in dieser Region häufig erwähnt werden, haben immer wieder als Orte gedient, an denen das Heiligtum aufbewahrt wurde, ehe man den zweiten Tempel erbaute. In der Bibel sind sie so anschaulich geschildert, dass man bei jedem Besuch das Gefühl hat, man hätte diese Orte schon vor 3000 Jahren gesehen.

Als diese Territorien also aus politischen Gründen noch nicht zu Israel gehörten, waren sie aufgrund der Lektüre bereits im kollektiven Gedächtnis präsent. Das Gefühl, zu diesen alten Orten »zurückzukehren«, war so stark, dass man nicht das Empfinden hatte, diese Gebiete seien mit Gewalt zurückerobert worden. Dazu muss man sagen, dass das, was die Christen als Altes Testament bezeichnen und wir als Bibel, bei uns ein Text ist, mit dem wir uns täglich beschäftigen. Er ist nicht nur für die Geistlichen bestimmt, wie man vielleicht denken könnte.

Ich habe hier versucht, die Emotionen zu beschreiben, die die Ereignisse von 1967 bei vielen Israelis auslösten und heute immer noch auslösen. Ich würde gern Verständnis für die etwas naive Auffassung wecken, die wir von unserer Geschichte hatten. Diese Emotionen führen nicht unbedingt zu einer politischen Position, ganz im Gegenteil. Wenn man diese Gefühle versteht, kann man sie eher von der rationalen Ebene trennen und zu einem gerechteren Standpunkt kommen, zu einer ehrlicheren und ausgewogeneren Einstellung. Denn dieses Gefühl der Zugehörigkeit und des Besitzanspruches hat verhindert, dass wir den Palästinensern – deren Beziehung zu diesen Orten wir unterschätzt haben und die seitdem einen Hass uns gegenüber empfinden, der immer stärker wird – richtig zuhören.

Ich glaube, wir haben in doppeltem Sinn »gesündigt«, um den jüdischen Sprachgebrauch zu verwenden. Die erste Sünde bestand in der Überheblichkeit, mit der wir uns als Herrscher über diese Gebiete betrachteten. Das Judentum ist gegen eine Aneignung von Privateigentum. Wenn man zum Beispiel ein Stück Land oder ein Haus kauft, unterschreibt man einen Vertrag, der neunundvierzig Jahre gültig ist (sieben mal sieben) und alle sieben Jahre erneuert werden muss. Das biblische Gesetz verlangt die *schmita*, die besagt, dass der Boden alle sieben Jahre brachliegen soll. In dieser Zeit muss der Besitzer sein Land »loslassen«, damit sich die Erde erholen kann. Er muss auf seinen landwirtschaftlichen Besitz verzichten. Selbst wenn dieses Gesetz größtenteils nicht beachtet wird, nimmt es einen wichtigen Platz in den öffentlichen Diskussionen ein. Sich an materielle Orte zu klammern widerspricht dem Geist des Judentums, also unserem Erbe.

Die andere Sünde besteht darin, dass wir einfach die Menschen ignoriert haben, die diese Gebiete bearbeiteten und damit ihren Lebensunterhalt verdienten. Das Land ist zwar den Hebräern versprochen worden, doch es sind die Palästinenser, die es seit Jahren bearbeiten. Der Philosophieprofessor

Jeshajahu Leibowitz, ein großer Denker und orthodoxer Jude, hat die moralischen Schäden vorausgesehen, die die Besetzung der Gebiete für Israel anrichten würde: »Wenn Israel eine Politik der Annexion praktiziert und sich das Recht nimmt, Land zu besetzen, das ihm nicht gehört, wird es seine Seele verlieren.« Ich sah in seiner Stellungnahme zu den Gebieten eine neue Provokation, die sicher interessant, aber nicht wörtlich zu nehmen war. Es hat lange gedauert, bis mir klar wurde, wie Recht er hatte. Anders als viele Israelis, die gegenüber den Palästinensern sehr ambivalente Gefühle hegten, betrachtete ich sie immer als potenzielle Partner für einen zukünftigen Dialog. Mein Optimismus wurde sogar noch durch mein Interesse verstärkt, das ich von jeher der arabischen Sprache entgegenbrachte. Was meine Neugier dabei vor allem weckte, war die große Ähnlichkeit zwischen der hebräischen und der arabischen Sprache sowie der bedeutende Unterschied ihrer historischen Entwicklung.

Wenn ich an die Jahre zwischen 1968 und 1973 denke, habe ich den Eindruck, dass viele Situationen festgefahrene Verhaltensweisen begünstigten und verstärkten. Seither hat sich vieles verändert. Es wurden Einkaufszentren gebaut, die wie kleine Städte funktionieren: Früher gingen die Juden nur zu den Arabern, um auf den *souks* einzukaufen, wo das Feilschen stereotype Verhaltensweisen förderte. Hierzu eine Anekdote: Ich ging in Jerusalem mit einer Freundin auf den Bazar, um einen kleinen Hocker zu kaufen. Der Händler, der mit seinem Preis nicht heruntergehen wollte, sagte in jammervollem Ton: »Ich habe zehn Kinder zu Hause; sie haben nichts zu essen; sie sind hungrig und ich bin traurig.« Meine Freundin, die von diesen Worten ganz betroffen und auch sehr empfänglich war für das Klischee der armen arabischen Familien, zahlte ohne weitere Diskussion einen Preis, von dem wir beide wussten, dass er zu hoch angesetzt war. Wir waren kaum drei Schritte gegangen, als wir hörten, dass er in Gelächter ausbrach und sich über uns lustig machte. »Warum lachen Sie?«, fragte ich ihn. Er schaute mich an, ohne eine Miene zu verziehen. Er hatte unsere Kultur benutzt, um uns zu beschuldigen und hatte absichtlich unsere Regeln, nach denen wir Geschäfte abschließen, missachtet, um Profit zu machen.

Damals traf man selten Araber in den Geschäften der neuen Stadt, selbst als sie unseren Geschmack teilten und auch die Mittel dazu gehabt hätten. Die Orte, an denen es spontan zu Begegnungen hätte kommen können, wie etwa öffentliche Parks, wurden erst zehn Jahre später von beiden Bevölkerungsgruppen genutzt.

Ich gab abends in einer Schule mitten im arabischen Viertel der Stadt Hebräischkurse für Erwachsene. Manchmal ging ich zu Fuß dorthin, manchmal nahm ich den Bus – ganz unbesorgt. Für mich war es völlig normal, dass Araber Hebräisch lernten, und ich bedauerte, dass nur wenige Israelis die Anstrengung auf sich nahmen, Arabisch zu lernen. Erst im Laufe der letzten Jahre wurde mir das völlige Ungleichgewicht bewusst, das damals existierte, und wie wenig sensibel ich dafür gewesen war.

Seit meiner Rückkehr nach Israel 1968 spielte sich mein Leben zwischen meiner Arbeit und meinem Psychologiestudium an der Universität ab. Ich hatte wieder eine Stelle als Lehrerin gefunden, an einem französischen Gymnasium in Jerusalem, wo ich die Internatsschülerinnen in Hebräisch unterrichtete. In der israelischen Gesellschaft der siebziger Jahre gab es große Vorurteile gegenüber Juden nordafrikanischer Herkunft. Sie galten als wenig gebildet, sehr impulsiv und man nahm an, dass ihnen die westliche Kultur weitgehend fremd war. In Frankreich hatte ich Juden aus Marokko und Tunesien getroffen, die diesem Stereotyp überhaupt nicht entsprachen: Es waren wohl situierte Akademiker, die es verstanden, den westlichen Komfort mit der so genannten orientalischen Wärme zu verbinden. Als ich wieder in Israel war, freundete ich mich – vor allem in der Schule – mit Menschen an, die den gängigen Klischees auch nicht entsprachen. Gemeinsam setzten wir uns dafür ein, dass Kinder aus Nordafrika erfolgreich die Schule absolvieren konnten. Die französische Sprache, die uns verband, ermöglichte mir, mich dieser Gemeinschaft gegenüber zu öffnen, mit der ich sonst vielleicht gar keinen Kontakt gehabt hätte. Als Israelin, die in diesem Land geboren und in privilegierten Verhältnissen aufgewachsen war, empfand ich das dringende Bedürfnis zu verhindern, dass diese Kinder unter denselben Vorurteilen leiden mussten, die ihre Eltern bereits so schwer belastet hatten.

Neben meiner Arbeit an der Schule hatte ich angefangen, Hebräischkurse an der Universität zu geben. Dort hatte ich es zum größten Teil mit amerikanischen Studenten zu tun. Mein Lieblingskurs trug den Titel »Jerusalem lieben«. Ich las mit meinen Studenten Texte über die Stadt aus verschiedenen Epochen und besichtigte dann mit ihnen die erwähnten Orte. Ich fühlte mich mit jeder Gasse und jedem Stein dieser Stadt verbunden. Während dieser Spaziergänge hörten wir Geschichten und Anekdoten, die meine Freunde erzählten – Christen und Moslems, Araber und Armenier, die uns oft zu sich einluden.

Jerusalem ist eine magische und verzauberte Stadt, die in allen Epochen von Dichtern und Schriftstellern besungen wurde. Bis zum heutigen Tag ist sie das Zentrum des Konfliktes zwischen Israelis und Arabern, ihr Charme mischt sich mit politischen Missverständnissen. Der Stellenwert, den Jerusalem in den Schriften und im religiösen Leben der Juden einnimmt, kann nicht hoch genug angesetzt werden. Jerusalem hat siebzig Namen, Jerusalem ist die Goldene Stadt. In dem Wort Jerusalem bedeutet *salem* »die unantastbare Ganzheit«. Zion, nach dem der Zionismus benannt wurde, ist ein Synonym für Jerusalem. Man kann sich Jerusalem ohne die Erde Zions vorstellen, aber nicht die Erde Zions ohne Jerusalem. Die jüdische Tradition beschreibt Jerusalem als »Nabel der Welt« und die »Pupille des menschlichen Auges«.

Die lange jüdische Vergangenheit dieser Stadt steht im Gegensatz zu der kurzen Zeit, während der sie unter jordanischer Herrschaft stand. Als die Stadt geteilt war und die Altstadt zu Jordanien gehörte, sahen die Juden darin keinen Bruch. Jordanien besaß seine eigene Hauptstadt, Amman, und die Palästinenser waren zwar in der Mehrheit, verlangten aber nicht, dass Jerusalem zu ihrer Hauptstadt wurde. Doch wie groß meine Leidenschaft für diese Stadt auch sein mag, sie wird nicht dazu führen, dass ich zu kriegerischen Formulierungen greife. Vielmehr setze ich mich dafür ein, dass man ihr Ansehen als »Stadt des Friedens«, wie sie in vielen Bibelauslegungen bezeichnet wird, respektiert. Ich glaube und hoffe nach wie vor, dass diejenigen, die diese Stadt lieben, auch ihren Platz in ihr finden werden.

Die beunruhigenden Voraussagen von Professor Leibowitz hatten für mich noch keine Realität, obwohl es in unserem täglichen Leben bereits zahlreiche Hinweise dafür gab, dass er Recht behalten sollte. Ich bemerkte sie nicht. Ich wanderte oft durch das Land, aber ich erinnere mich nicht, dass ich damals eine Verbindung zwischen dem Krieg und den Veränderungen in der Umgebung von Jerusalem hergestellt hätte. Die biblischen Landschaften, die ich wiederentdeckte, machten auf mich einen friedlichen Eindruck, und um die Bevölkerung machte ich mir keine großen Gedanken. Dabei war der Preis, den wir für den Krieg zahlen mussten, deutlich an den Gedenkstätten abzulesen, die nach dem Sechstagekrieg errichtet worden waren. Mit zunehmendem Schmerz fand ich dort die Namen meiner Freunde wieder. Die Verstorbenen waren in all unseren Gesprächen präsent.

Ich wäre nicht ins Westjordanland gezogen; aber selbst wenn ich mit den Zielen derjenigen nicht einverstanden war, die dorthin gegangen sind, respektierte ich ihre Handlung. Damals wie heute bemühte ich mich, meine politische Einstellung von meinen persönlichen Beziehungen zu trennen. Ich weigere mich, Beweggründe von Menschen zu übernehmen, wenn sie eher zum Bruch als zur Verständigung führen. Um mich ganz deutlich im Präsens auszudrücken: Die Siedler machen sich der gewalttätigen Besitzübernahme schuldig und nehmen keine Rücksicht auf die arabische Bevölkerung, die sich dort bereits niedergelassen hat. Man kann kaum behaupten, dass diese Einrichtungen im Westjordanland im Einklang mit der Umgebung gebaut werden. Die Häuser sehen alle gleich aus und sind von Stacheldraht umgeben. Sie sind nicht an die umliegenden Hügel angepasst und vermitteln den Eindruck, dass die Erde eher vergewaltigt als gepriesen wird. Sie sind

Fremdkörper in dieser Landschaft und entfremden sie.

Ich bemühte mich, ein Gleichgewicht zwischen Missbilligung und Respekt herzustellen, das wahrscheinlich nicht zu erreichen war. Eine schwierige Überlegung für die Tochter eines führenden Politikers dieses Landes. Es kam mir vor, als hätte ich »den Kopf links« und »das Herz rechts«. Viel Energie und große Zurückhaltung waren erforderlich.

Während meiner Studienzeit in Jerusalem war es eine besondere Freude für mich, einmal in der Woche mit meinem Vater zu Mittag zu essen. Wir gingen immer in ein kleines marokkanisches Restaurant. Man servierte dort Hummus (Kichererbsenmus), der so zubereitet wurde, dass er seinen natürlichen Geschmack behielt. Bei diesen Treffen genoss ich das gemeinsame Gespräch. Ich konnte meinem Vater alle Fragen stellen, die ich noch nie jemandem zu stellen gewagt hatte. Wir unterhielten uns vor allem über unsere Lektüre. Mein Vater besitzt die Fähigkeit, sich beim Lesen alles genau zu merken: Er erinnert die präzisen Formulierungen und zitiert sie immer nach bestem Wissen und Gewissen. Mit Menschen, die er liebt, schließt er sehr enge Freundschaften. Ich habe es nie geschafft, so viel zu lesen wie er und konnte auch die Zitate nie so korrekt anbringen, aber er hat mich in eine Welt eingeführt, die für mich ein Zufluchtsort und eine Quelle unerschöpflicher Freuden geworden ist. Die Liebe zur Lektüre ist vielleicht das beste Geschenk, das er mir je gemacht hat, denn sie verbindet sich mit der Fähigkeit, zuhören zu können – einem Schatz, den ich meiner Mutter verdanke.

Israel hatte sich zwischen meiner Abreise im Jahr 1967 und meiner Rückkehr 1968 stark verändert. Ich hatte einen ersten Eindruck davon gewonnen, welches Bild man im Ausland von meinem Land hatte. Zum Beispiel erinnere ich mich an das Waffenembargo, das Frankreich 1969 ausgesprochen hatte. Für meinen Vater war das ein Schock. Er galt in Israel als »Architekt der französisch-israelischen Beziehungen«, für ihn war Frankreich der ideale Verbündete, weil er für Israels Öffnung nach Europa stand. Mit Hilfe von Frankreich konnte der Einfluss, den Amerika auf Israel ausübte, ausgeglichen werden. Er schätzte Frankreich auch deshalb, weil es Israel geholfen hatte, indem es einen Teil seiner Kenntnisse in der Rüstungsindustrie zur Verfügung gestellt hatte. Bereits 1956 hatten England und Frankreich sich dafür eingesetzt, dass die Durchfahrt durch den Suezkanal gewährleistet war, und im Verlauf der 1960er Jahre hatte Frankreich Israel geholfen, die ersten Flugzeuge zu bauen. Seit Beginn des Jahrhunderts hatten sich viele israelische Künstler in Frankreich aufgehalten und französische Mäzene jüdischer Herkunft hatten am Aufbau wirtschaftlicher und kultureller Infrastrukturen in unserem Land mitgewirkt. Die erste Landwirtschaftsschule und der erste Kindergarten waren durch die Familie Rothschild gegründet worden. Es wäre ausgesprochen schade gewesen, wenn diese besondere Verbindung und diese regelmäßigen Beziehungen zerstört worden wären.

Ich empfand das Embargo wie ein Im-Stich-Lassen. Seit meiner Rückkehr aus Frankreich kam ich mir vor wie eine Art Repräsentantin der französischen Kultur, und dies umso mehr, nachdem ich ein Praktikum als Französischlehrerin begonnen hatte. Als ich in Jerusalem mit meinem Hebräischstudium anfing, schrieb das damalige Curriculum vor, dass ich mich in zwei Studiengänge einschrieb. Daher immatrikulierte ich mich für Psychologie und Pädagogik, um einen Abschluss als Gymnasiallehrerin zu machen. Ich absolvierte mein Referendariat an einer noblen Schule in Israel. Damit meine Schüler gezwungen waren, Französisch zu sprechen, weigerte ich mich, mit ihnen Hebräisch zu reden. Immer wenn ich ihnen eine grammatische Regel oder deren Anwendung erläutern musste, überlegte ich, welche Formulierung wohl die geeignetere war: »Im Französischen schreibt man …« oder »Bei uns sagt man …«. Besorgt sah ich den Augenblick kommen, wo ich ihnen würde sagen müssen, »dass unsere Vorfahren, die Gallier, weit weg und an einem anderen Ort lebten …«. Die große Frankreichfreundin, die dabei war, französischsprachig zu werden, erwies sich als kleine Israelin, die sich ihrem kleinen Land und dessen Sprache verbunden fühlte.

Ich hatte in Frankreich eine Israelin getroffen, die so alt war wie ich und in einer kommunistischen Familie aufgewachsen war. Ich glaube, es war das erste Mal, dass ich mit jemandem aus dieser »politischen Ecke« Kontakt hatte. Diese Freundin machte eine Aussage, die mich buchstäblich erstarren ließ: Sie beschuldigte Israel, ein rassistisches Land zu sein. Sie behauptete sogar, dass sie einen Mann heiraten würde, der ihr gefiel, ohne dass dabei seine Religion oder seine Herkunft eine Rolle spielen würden. Für mich wurden durch diese Worte der Sinn der Existenz Israels und seine moralische Berechtigung in Frage gestellt. Der Staat Israel besitzt etwas, das auf der ganzen Welt einzigartig ist: Es ist nicht nur ein Land, das sich symbolisch auf ein Buch stützt und sich durch seine Religion definiert, sondern es ist auch das einzige Land, in dem die Juden rechtmäßig leben und in der Mehrheit sind. Ihre Staatsbürgerschaft ist in den Augen des Staates ganz selbstverständlich. Fünfzig Jahre nach dem Holocaust löst diese Einzigartigkeit noch Unruhen und Hoffnungen aus. Ich hatte es immer als Selbstverständlichkeit betrachtet, dass die Juden im Land die Mehrheit bilden und vorrangig behandelt werden. Bei meinem Aufenthalt in Paris wurde mir bewusst, was es bedeutet, einer Minderheit anzugehören, und wenn es auch nur um die jüdischen Feste geht. Ganz deutlich wurde dies bei meinem ersten und einzigen Kippur in Paris: Nachdem ich nach vierundzwanzigstündigem Fasten aus der

Synagoge zurückkam, waren auf beiden Seiten der Straße die Schaufenster der Geschäfte mit allem geschmückt, was uns an diesem Tag verboten ist, um die Passanten in Versuchung zu führen.

Die jüdische Religion zeichnet sich durch ihre besondere Art aus, wie sie der Zeit einen Rahmen gibt. Die Zeit, die der Ausübung der Religion gewidmet ist, wird ganz genau von der Zeit unterschieden, in der man sich mit weltlichen Dingen beschäftigt. Das Leben verläuft in Israel in einem zweifachen Rhythmus. Alle Verwaltungsangelegenheiten werden nach dem gregorianischen Kalender abgewickelt, alle Feste, Traditionen und schulischen Termine richten sich nach dem hebräischen Kalender. Die Arbeitswoche in Israel umfasst sechs Tage, der siebte Tag ist der Sabbat, an dem nicht gearbeitet werden darf. Die Geschäfte sind geschlossen, der öffentliche Verkehr ruht. Dieser Rhythmus, der von allen eingehalten wird, gibt dem Leben ein besonderes Gepräge. Er verursacht auch einen gewissen intellektuellen Aufruhr, wie Fernando Pessoa es ausgedrückt hätte, eine Art »Unruhe«. Man empfindet dies umso mehr, wenn man einmal woanders gelebt hat. Heute ist der Sabbat ein Thema, über das zwischen Laizisten und Geistlichen gestritten wird. Es ist ein richtiges Ereignis, den Ablauf der Wochentage bis zum Sabbat hin zu beobachten. Vor allem in Jerusalem hat dieses Phänomen etwas Spirituelles. Der Tag des Jom Kippur, des Versöhnungsfestes, zeigt einmal im

Jahr den absoluten Stillstand an. Nach dem jüdischen Kalender wird dieses Fest am zehnten Tag des neuen Jahres gefeiert. Nach der Tradition ist an diesem Tag das Schicksal jedes Einzelnen entschieden: An den zehn vorangegangenen Tagen hat man noch die Möglichkeit, »sein Schicksal zu ändern«. In Israel wird dieser Tag wie nirgends sonst auf der Welt gefeiert. Alles steht still: kein Radio, kein Verkehr, keine öffentliche Kommunikation, kein Handel, keinerlei äußere Manifestation. Die Menschen gehen zu Fuß, die Geistlichen sind in Weiß gekleidet, und die Laien tragen häufig sportliche Kleidung. In Frankreich versteht man das Fest eher vom Gesichtspunkt der Vergebung aus, die Gott den Menschen gewährt. In Israel liegt die Betonung auf dem Menschen und seiner Beziehung zu sich selbst. Es ist weder ein Prozess der inneren Läuterung noch der Trauer, man erkauft sich auch keine Vergebung. Man löst vielmehr die Vereinbarungen, die man für das vergangene Jahr getroffen hat, um neue einzugehen. Es ist eine Rückbesinnung auf die Bescheidenheit und den Platz, den der Mensch im Universum einnimmt. Außerdem gehören die Musik, die Gebete und die weltlichen Texte, die diesem Tag gewidmet sind, zu den schönsten der hebräischen Tradition.

Der Jom Kippur von 1973 hatte eine ganz besondere Bedeutung. In diesem Jahr wurde die Regel der totalen Einstellung aller Aktivitäten zum ersten Mal seit der Gründung des Staates Israel nicht eingehalten. Aber auch ohne diesen Bruch in der Praxis ist dieser Tag zu einem denkwürdigen Datum in unserer Geschichte geworden. Er hat eine ganze Generation ins Wanken gebracht: meine.

Die Kriege: Der Traum ist ausgeträumt

1973 fiel Jom Kippur auf einen Samstag, wodurch der außergewöhnliche Charakter dieses Tages noch verstärkt wurde. Ich hatte zehn Tage vorher geheiratet, am Vorabend von Rosch Haschana, dem jüdischen Neujahrstag, einem Dienstag. Dieser Tag gilt in der jüdischen Tradition als Glückstag. Um an diesem Festtag kein Auto benutzen zu müssen, beschlossen mein Mann und ich, zu Fuß zu seinen Eltern zu gehen, die ganz in der Nähe der Synagoge wohnten, in der wir am nächsten Tag getraut werden sollten. Am Samstagmorgen war ich zunächst überrascht und dann wie gelähmt vor Angst, als ich in einer benachbarten Straße Motorengeräusche hörte. Das Hauptquartier der israelischen Armee war etwa eine Viertelstunde entfernt, wenn man zu Fuß ging. Militärfahrzeuge, Privatautos und Lastwagen fuhren durch die Straßen: Wenn die Militärs an Kippur ihre Fahrzeuge benutzten, musste etwas absolut Außergewöhnliches geschehen sein, der Himmel musste abgestürzt sein. Der Bruch der Stille an diesem Tag kündigte eine Katastrophe an.

Mein Vater, mit dem ich erst etwas später telefonisch Kontakt aufnahm, als ich es endlich wagte anzurufen (ich hatte noch nie an Kippur mit meinen Eltern telefoniert), bestätigte es mir: »Wir sind angegriffen worden.« Er schwieg einen Moment. »Ja, es ist ernst.« Es fällt mir immer noch schwer, mir all das wieder ins Gedächtnis zu rufen, was nun folgte. Jeder Alarm führte zu einem immer gleichen Ablauf: Die Männer waren in Bereitschaft, wussten aber nicht, wohin sie gehen sollten und wann sie zurückkehren würden. Die Frauen blieben zurück und warteten. Die Radios und Fernsehgeräte wurden eingeschaltet. Die Medien bombardierten uns mit bruchstückhaften Informationen, die keinen Zusammenhang ergaben. An eine Hochzeitsreise war nicht zu denken. Der Mann, den ich gerade geheiratet hatte, musste seinen Posten als Militärarzt beziehen. Ich kehrte allein in die Wohnung zurück, in der wir kaum ein paar Tage gemeinsam verbracht hatten. Meine Nachbarn kannte ich noch nicht, ich wusste noch nicht einmal, wo man den Müll ausleerte. Raphi kam erst sechs Monate später wieder. Die Flitterwochen waren verschoben worden, sicher, ich hatte sie schlecht verlebt. Trotzdem wusste ich, dass ich privilegiert war: Andere sahen den, der losgezogen war, nie wieder.

Meine ganze Generation war in einer Sorglosigkeit aufgewachsen, die im Gegensatz zu der Unsicherheit stand, in der Israel nun lebte. Der Staat war vielleicht in Gefahr, aber wir waren in Sicherheit, wurden durch eine mächtige Armee geschützt und durch die Ideen, die die Pioniere an uns weitergegeben hatten. Ihre Werte garantierten uns, dass eine neue Seite in der Geschichte des jüdischen Volkes aufgeschlagen worden war. Einen Staat zu haben, der eine politische Souveränität besitzt, musste das Leben des Volkes in Israel und in der ganzen Welt sichern. Ich war mit der Gewissheit groß geworden, dass ich alles unternehmen konnte, vorausgesetzt, ich tat es mit der notwendigen Energie. Bei uns, so hieß es, »ist der Wille stärker als alles andere«.

Die Menschen, die – wie ich – so alt waren wie der Staat Israel, dachten, wir hätten zwei Vorhaben erfolgreich bewältigt: das Projekt »Land« und das Projekt »Sprache«. Was das Land betraf, so war der Erfolg allerdings weniger offensichtlich: Es wartete auf uns, seit wir in der Bibel zum ersten Mal von der Verheißung gelesen hatten. Das Heimweh nach Zion wurde durch einen Text genährt, der universell geworden war. Diese Worte klingen vielleicht wie die des Messias, aber sie entsprechen meiner eigenen Erfahrung nach einer gelebten Realität. Dieses Land, das am Anfang als Zufluchtsort galt, war in der Lage, Reichtümer hervorzubringen – wenn es auch Erfindungen der Wissenschaft und der Technik bedurfte, um einen gewissen Komfort zu erreichen. Wir hatten den Eindruck, etwas Gutes zu tun, als wir den arabischen Bauern Arbeit beschafften. Das Bewusstsein, dass wir sie ausbeuteten, sollte leider erst später kommen.

Unser illusorischer Triumph fand also durch den Jom-Kippur-Krieg sein Ende: Dies war kein isolierter Krieg mehr, sondern ein Glied in einer ganzen Kette von Kriegen, die in immer kürzeren Abständen stattfanden. Es war, als zöge uns die Geschichte in eine Spirale hinein. Wir hatten den Eindruck, dass wir die Situation nicht mehr beherrschten, und unser Schicksal auch nicht. Sollten wir nun alle sieben Jahre in einen Krieg verwickelt werden? Sollte sich die magische Ziffer Sieben, die Frieden und Ruhe in der Stadt symbolisierte, gegen uns wenden?

Ich erinnere als Gedächtnisstütze an die Kriege, die wir durchgestanden hatten. 1948: der Unabhängigkeitskrieg für die Gründung des Staates Israel: 6000 Tote (ein Prozent der damaligen Bevölkerung). 1956: die Auseinandersetzung um den Suezkanal, ein internationales Unternehmen, bei dem Israel nicht allein war. 1967: ein Blitzkrieg an mehreren Fronten mit 1800 Toten. Alles hätte zu diesem Zeitpunkt umschwenken müssen: Der Sieg hatte uns in eine blinde Euphorie getaucht, so dass wir glaubten, die Gebiete »wiedergefunden« zu haben, während wir sie uns in Wirklichkeit gewaltsam angeeignet hatten. 1973: 2650 Tote. Jeder war betroffen: Die Gefahr war unterschätzt worden, dabei war Israel seit langem bedroht. Wenn wir von diesem Krieg sprachen, sagten wir immer – wenn dies auch eine etwas vereinfachte Sicht war: »Die Araber hätten fast einen Krieg gewonnen. Sie sind ehrenvoll daraus hervorgegangen. Sie haben gezeigt, dass Israel nicht allmächtig ist.« Vielleicht war der Augenblick gekommen, in dem beide Seiten sich in einer Art Symmetrie befanden, die Verhandlungen erlaubte. Doch die ließen noch auf sich warten.

Der Jom-Kippur-Krieg ging von Ägypten und Syrien aus. Die einen wollten Sinai zurück, die anderen die Golanhöhen – die Territorien, die im Sechstagekrieg erobert worden waren. Für die Zivilbevölkerung war dieser Krieg ein unerwarteter Schock, aber man hat später erfahren, dass Golda Meir, die damalige Ministerpräsidentin, alarmierende Hinweise erhalten hatte, die sie jedoch ignorierte. Dadurch hatte sich die Armee nicht vorbereiten können. Golda Meir trat schließlich zurück, und diese Geste war der Beginn einer Spaltung. Sie hatte zur Folge, dass die militärischen Aktionen in die Kritik der Öffentlichkeit gerieten, was bis dahin noch nie der Fall gewesen war. Diese Kluft markierte den Unterschied zwischen der Geschichte, wie die zivile Bevölkerung sie empfand, und der Geschichte, wie die Politiker sie erlebten. Man hat Golda Meir oft vorgeworfen, sie habe nicht zuhören können. Ich glaube, dass ihre Entschlossenheit sie in der Tat taub gemacht hat. Sie zeigte sich paternalistisch gegenüber den Schwarzen Panthern, einer Gruppe von Aktivisten, bei denen es sich im Wesentlichen um orientalische Juden handelte. Ebenso geringschätzig war ihre Haltung gegenüber den Palästinensern, deren Existenz als Volk sie bestritt. Das ist schade, denn wir hätten friedlich nebeneinander leben können, wenn jeder es verstanden hätte, auf den anderen zu achten.

Der Krieg dauerte achtzehn Tage und erreichte eine dramatische Intensität. Israel hat lange gebraucht, um einen Waffenstillstand zu erreichen. Dazu kam es schließlich vor allem dank der Amerikaner, denen es gelungen war, eine Luftbrücke zu öffnen. Es war klar, dass dieser Krieg nicht allein Sache des Nahen Ostens war, sondern internationale Tragweite erreicht hatte. Er setzte starke politische Kräfte zwischen Israel und der Sowjetunion in Bewegung. Die Erdöl produzierenden arabischen Länder begannen, Druck auszuüben, indem sie den Preis für einen Barrel Rohöl verdreifachten. Israel, das überraschend angegriffen worden war – und dies gleichzeitig im Norden und im Süden –, hat die Feinde schließlich mit einer Hartnäckigkeit und einem Heldentum zurückgedrängt, die schwer zu begreifen sind. Wie soll man den Tod beschreiben, der denen auflauert, die man liebt? Wie die Tage, an denen es viel zu wenige Nachrichten gibt und die Existenz Israels zum ersten Mal ernsthaft bedroht ist?

Ich hatte Jerusalem verlassen und war nach Tel Aviv gezogen, um mein neues Leben zu beginnen: Ich sollte als Lehrerin anfangen, ging aber als Freiwillige in das Krankenhaus, in dem Raphi vor dem

Krieg gearbeitet hatte, um die Verletzten zu versorgen. Vor allem diejenigen mit schweren Verbrennungen. Unter ihnen war der Freund einer meiner Brüder, der mich heute immer noch »meine Schwester« nennt. Er musste dreißig Operationen aushalten, damit die Schäden, die sein Körper in einer Sekunde erlitten hatte, zumindest teilweise wieder behoben werden konnten. Ein Auge und ein Bein hatte er für immer verloren, aber seine grauenvollen Wunden raubten ihm weder seine Lebensfreude noch seine Nächstenliebe. Tagsüber arbeitete ich und nahm meinen ganzen Mut zusammen, um mich der körperlichen und seelischen Not der Verletzten und ihrer Familien zu stellen. Aber was mir sehr schwer fiel, war das Warten. Die Ungeduld wechselte ab mit den schlimmsten Albträumen und einem schmerzhaften Gefühl der Machtlosigkeit. Nach etwa drei Wochen kamen die schlimmsten Gerüchte auf. Die israelische Gesellschaft ist sehr klein, sie besteht aus Beziehungsnetzen und Zirkeln, die ineinander verwoben sind. Diese Gerüchte betrafen Menschen, die man kannte, selbst wenn es keine Angehörigen waren. Sie schürten eine Furcht, die immer unbeschreiblicher wurde. An der Front gab es kein Fernsehen, kein CNN. Wir lebten in einer Art Nebel. Die Grauen, die wir uns mangels ausreichender Informationen ausmalten, waren vielleicht schlimmer und lebendiger als die Bilder, die heute verbreitet werden, um Emotionen auszulösen.

Die Soldaten dieses Krieges von 1973 hatten Eltern, die 1948 im Unabhängigkeitskrieg selbst Soldaten gewesen waren. Oft waren sie nach dem Holocaust nach Israel zurückgekehrt, um ein neues Leben anzufangen. Über ihre Kinder waren sie nun erneut betroffen. In manchen Familien waren drei aufeinander folgende Generationen zu Tode gekommen. Was eigentlich ein Zufluchtsort sein sollte, wurde zu einem gefährlichen Land. Die Überlebensfrage war immer noch nicht geregelt, obwohl es nach dem Sechstagekrieg so ausgesehen hatte. Man hatte sich vorgestellt, dass es nur noch darum ging, die Friedensbedingungen auszuhandeln. Der Kippur-Krieg bedeutete, dass man wieder von null anfangen musste. Es war klar, dass die Region noch nicht so weit war, dass man die Waffen endgültig niederlegen und auf Krieg verzichten konnte. Ich war hin- und hergerissen zwischen Zukunftsplänen und unsichtbaren, aber dauerhaften Bedrohungen. Wenn der Krieg derart den Rhythmus der Existenz bestimmt, wird der Tod zu einem engen Gefährten. Es gibt Verluste, die uns so schwer treffen, die einen solchen Einschnitt in unseren Körper und unser Erinnerungsvermögen bedeuten, dass es unmöglich erscheint, dass man eines Tages aufhören kann zu trauern.

Drei meiner engsten Freunde sind im Jom-Kippur-Krieg gefallen. Der erste von ihnen, Jaki, stammte wie ich aus dem Kibbuz Alumot. Seine Mutter war zur Schönheitskönigin des Jordantals gekrönt worden. Wir haben unsere Kindheit in denselben Landstrichen verbracht, im unteren Galiläa und am See Genezareth. Wir sind gemeinsam mit zwei anderen Freunden bei zahlreichen Wanderungen dorthin zurückgekehrt. Häufig führten sie das Wadi Amud entlang, das von Safed, der Stadt der Kabbalisten, bis zum See Genezareth verläuft, wo man zahlreichen Sport- und Freizeitaktivitäten nachgehen kann. Jaki vereinte in sich eine seltene Schönheit und große Sensibilität. Ich weiß nicht, was mich mehr faszinierte: seine braune Haut, seine schwarzen Augen und sein schwarzes Haar oder die Schönheit seines Geistes. Er war ein ausgesprochen begabter Junge, sein gutes Aussehen war ihm fast peinlich. Wir waren echte Freunde. Er hatte im September 1973 geheiratet, ehe er in die Vereinigten Staaten ging, wo er in Chemie promovieren wollte. Als der Krieg ausbrach, kam er von sich aus zurück. Er starb an meinem Geburtstag. Der zweite Freund, der mich auf meinen Wanderungen nach Wadi Amud begleitete, hieß Moische Vaks. Wir nannten ihn Taksi. Es gab zwischen uns seit der Kinderzeit eine aufrichtige Liebe, die nach seiner Heirat zu einer engen Freundschaft wurde. Am Sabbat von Jom Kippur war Taksi bei der Beschneidung seines Sohnes dabei, als in der Synagoge verkündet wurde, dass die Syrier im Norden angriffen. Er brach zu den Golanhöhen auf, die er aus seiner Militärzeit gut kannte, und ist nie mehr zurückgekehrt. Den dritten Freund, Yuval, hatte ich kennen gelernt, als ich einundzwanzig war. Er war Berufssoldat und die Ironie des Schicksals wollte es, dass Taksi unter seinem Befehl stand. Seine Uniform stand in krassem Gegensatz zu seinem kindlichen Gesicht mit den hellen Augen. Wir teilten die Liebe zu den Landschaften Israels, die wir auf unseren Reisen im Laufe der drei Jahre entdeckten, die wir gemeinsam verbrachten. Er wurde im Süden getötet, fünfundzwanzig Minuten vor dem Waffenstillstand.

Meine drei engsten Freunde, mit denen ich die schönsten Kindheitserinnerungen verbinde und die besten, die ich in meinem Leben als junge Frau erworben habe, starben innerhalb von drei Wochen, im Abstand von nur wenigen Tagen. Es war damals in Israel nicht üblich, dass man um jemanden weinte. Ich war siebenundzwanzig Jahre alt und es waren die ersten Tränen, die ich in der Öffentlichkeit vergoss; weitere folgten, diskreter, bei jedem Jom Kippur, aber sie konnten das Leid ebenso wenig lindern. Die Menschen glauben, dass der Schmerz mit der Zeit abnimmt, aber das stimmt nicht. Ich bin jetzt doppelt so alt, und es vergeht keine Woche, in der ich nicht an meine Verstorbenen denke. Zur Zeit des Jom-Kippur-Krieges war ich noch nicht Mutter, aber ich hatte bereits einen Schmerz erlebt, den man nicht leben kann, einen Schmerz, der aus Furcht, Todesangst und Revolte besteht. Es ist nicht alltäglich, dass man als Orientierungspunkte seiner Existenz eine solch bedeutende Ansammlung grausamer Erinnerungsdaten hat.

In der jüdischen Tradition heißt es, dass von den zehn Prüfungen, in denen Abraham seinen Glauben beweisen musste, die Opferung Isaaks die schwerste war. Ich habe den Eindruck, dass Gott mir die gleiche Prüfung auferlegt hat wie Abraham. Warum? In Israel ist alles, was mit dem Tod zusammenhängt, tabu: Man spricht nicht von der Angst vor dem Tod, man spricht nicht von dem Opfer, das die Eltern mit ihren Kindern bringen. Der Verlust eines Kindes zerstört alle, die in seinem Umfeld lebten: Der Verstorbene wird zu einer erdrückenden Gegenwart, wie eine dicke Wolke, die ständig die Sonne verdeckt und die sich auch im Wechsel der Jahreszeiten nicht verschiebt. Man weigert sich, an den Tod zu denken oder von ihm zu sprechen, aber man verherrlicht ihn in den Gedenkfeiern. Als mir bewusst wurde, welche Macht die Worte und das Sprechen besitzen, erkannte ich, dass die Sprache zu den einzigen Mitteln gehört, die den Überlebenden bleiben, wenn sie nicht im Schmerz untergehen wollen. Der einzige Weg, die Gegenwart der Verstorbenen zu erhalten. Im Bibeltext wird die Stimme Sarahs, der Mutter Isaaks, überhaupt nicht erwähnt. Aber heute schweigen die Frauen Israels nicht mehr. Um die verborgene Stimme Sarahs wiederzufinden, habe ich mir geschworen, auf die Stimmen zu hören, die die Hoffnung keimen lassen. Dazu gehören zwei Gruppen, die bei uns eine Anerkennung ohnegleichen gefunden haben: die Frauen in Schwarz, die seit der ersten Intifada jeden

Freitag schweigend gegen die Besetzung der palästinensischen Gebiete protestieren, und die Vier Mütter, deren Einfluss dazu beigetragen hat, dass sich die israelischen Truppen aus dem Libanon zurückgezogen haben.

Im Frühjahr 1982 brach der Krieg gegen den Libanon aus: Ariel Scharon will »Frieden schließen«, indem er sich in einen »kleinen Krieg« stürzt. So ironisch dies auch klingen mag – dieser Krieg wurde »Frieden in Galiläa« genannt (schließlich hatte Frankreich die Kriegshandlungen in Algerien auch als »Befriedung« bezeichnet ...). Der Gedanke, dass man einmal kräftig zuschlagen müsste, um Frieden zu erreichen, wurde bereits von der Hälfte der Israelis abgelehnt, aber es war eine deutliche Mehrheit erforderlich, um die Regierung zum Verzicht auf diese Strategie zu bewegen. Unsere zweite Tochter war gerade geboren und ihr Vater war an der Front. Ich hatte beschlossen, mit meinen beiden Töchtern einige Zeit in Jerusalem zu verbringen, in Jemin Mosche, dem ersten jüdischen Viertel, das außerhalb der Stadtmauern errichtet worden war. Ich ging nachmittags mit meinen Kindern in den Park, wo man nur Frauen traf. Die Männer waren im Krieg. Während die Kinder spielten, führten wir oft unbedeutende Gespräche. Wir waren »potenzielle Witwen«, die mit Belanglosigkeiten des Alltags beschäftigt waren, während unsere Ehemänner in ständiger Gefahr lebten. Wir verbrachten wieder endlose Tage, an denen die Angst so groß war, dass ich meine Tochter erst stillen konnte, wenn ich eine Nachricht von meinem Mann erhalten hatte. Neun Jahre nach dem Jom-Kippur-Krieg wurden Informationen freier und schneller verbreitet. Wie absurd kam es mir vor, wenn ich auf den Glückwunschkarten zur Geburt meiner Tochter las: »Viel Glück für euren Beitrag zum Wachstum des Volkes auf seinem eigenen Boden.«

Wenn der Jom-Kippur-Krieg uns schon auf brutale Weise wachgerüttelt hatte, so bedeutete der Krieg gegen den Libanon eine erneute Erschütterung. Er löste in Israel eine Vertrauenskrise gegenüber den führenden Politikern aus. Ein schrecklicher Zweifel kam auf an der Rechtmäßigkeit der Mittel, die angewandt wurden, um das Land zu verteidigen. Soweit ich weiß, war es das erste Mal, dass die israelische Regierung bewusst falsche Informationen verbreitete. Es war eine Rechtsregierung mit Ariel Scharon als Verteidigungsminister. Durch Vorspiegelung falscher Tatsachen hielt er die Zivilbevölkerung in Unwissenheit. Einige glaubten, General Scharon verheimlichte gegenüber Menachem Begin, dem Ministerpräsidenten, die genauen Angaben über die Angriffe der Armee. Er hatte vor der Knesset verkündet, dass Israel vierzig Kilometer weit in den Libanon vorstoßen würde, um den Angriffen der Guerilla und der Bedrohung der Zivilbevölkerung im Norden des Landes durch Raketenwerfer ein Ende zu setzen, vor allem in Kiriat Schemona, wo ich damals arbeitete. In Wirklichkeit, wie wir später erfahren haben, führte die israelische Verteidigungsarmee Tsahal militärische Operationen durch, die diese festgesetzte Grenze innerhalb des libanesischen Gebietes überschritten. Unsere Soldaten an der Front hörten im Radio Nachrichten, die sich vollkommen von dem unterschieden, was sie tatsächlich erlebten. Die ersten Rückkehrer deckten diese Lügen auf. Die Informationen, die Raphi mir am Telefon mitteilte, die nicht sehr detailliert und auch zensiert waren, standen im Gegensatz zu dem, was im Fernsehen verkündet wurde. Es ist durchaus üblich, dass der Verteidigungsminister in Kriegszeiten keine genauen Angaben macht, aber in diesem Fall setzte sich die Politik vorsätzlich über das Militär hinweg, was bis dahin in der demokratischen Tradition Israels noch nicht vorgekommen war.

Raphi leitete ein Krankenhaus auf dem Land, das nicht weit vom Flughafen Beirut entfernt lag. Er versorgte und operierte Verletzte in unmittelbarer Nähe der Kampfplätze, was neu war. Das Krankenhaus lag näher an den Verletzten, aber der Krieg rückte auch näher an die Bevölkerung heran. Die Situation steigerte sich immer mehr ins Ungeheuerliche. Zum ersten Mal in der Geschichte der Auseinandersetzungen zwischen Israelis und Arabern erlebten wir, dass sich der Krieg im Herzen der Städte abspielte, in denen die Zivilbevölkerung sehr eng zusammenlebte. Meine Generation hatte dieses Aufeinanderprallen von Krieg und zivilem Leben bis dahin noch nie erlebt. Raphi kam erschüttert zurück. Der tägliche Umgang mit dem Tod schockierte ihn, vor allem weil er bezweifelte, dass dieser Krieg absolut notwendig war. Wir lebten in einer Atmosphäre des Todes und der Mystifikation, die wir vorher nicht gekannt hatten. Der Krieg gegen den Libanon zeigte uns ein Israel, das ganz offen als Aggressor auftrat und ein Gebiet besetzte, das von einer Zivilbevölkerung bewohnt war. Das konnten wir nicht tolerieren. Paradoxerweise führte dieser Krieg dazu, dass wir radikaler Stellung bezogen. Das Waffengetöse hinderte uns daran, weiter stillschweigend zuzuschauen und zwang uns zum Handeln. Als überzeugte Pazifistin hatte ich nie den Mut gehabt, ganz konsequent zu sein und einen kategorischen Standpunkt einzunehmen. Ich hatte mich an den Gedanken gewöhnt, dass ich nicht über eine unabhängige Stimme verfügte und jedes Eingreifen in der Öffentlichkeit in Zusammenhang mit meinem Vater gebracht wurde. Diese Jahre haben einen entscheidenden Wandel ausgelöst: Wir fingen an, die Geschichte Israels in Frage zu stellen und nahmen einen kritischeren Standpunkt ein. Wir begriffen endlich, dass der Krieg mit dem Risiko verbunden war, »das Tier, das sich in jedem von uns verbirgt, hervorzulocken«. Und das galt sowohl für uns, als auch für unsere Feinde.

Selbst in einiger Entfernung von der Front kann die Kriegssituation die gewalttätigsten Impulse auslösen. Leider richtete sich diese Gewalt – von der einige behaupten, sie sei das einzig wirksame Mittel, um Konflikte zu beenden – im November 1995 gegen uns, als der damalige Ministerpräsident Jitzhak Rabin, der sich entschlossen für den Frieden einsetzen wollte, durch einen gläubigen Juden ermordet wurde, der in Israel geboren und aufgewachsen war. Man hätte hoffen können, dass so viele Kriege und so viel Leid zu einem wirklichen Zuhören und dem Wunsch nach Frieden führen müssten. Unsere Tochter Noa wurde geboren, als die israelische Armee unter der Regierung Begin ihren Vorstoß in den Libanon durchführte. Unser Sohn Assaf kam 1984 auf die Welt: Im selben Jahr wurde mein Vater Ministerpräsident und holte die Tsahal-Armee aus diesem Land des Leidens zurück nach Hause.

Der Staat Israel ist ein seltsamer Treffpunkt für Utopisten: die Gründer Israels, die an die Möglichkeit glaubten, eine Gesellschaft zu schaffen, in der es Gleichheit und Solidarität gibt; die Verfolgten und Überlebenden des Holocaust, die den Mut besaßen, ein neues Leben zu beginnen; Menschen, die auf der ganzen Welt verstreut waren und nun hier zusammenkamen. Als der Staat Israel gegründet wurde, gab es auf diesem Boden Palästinenser, die mehr oder weniger organisiert lebten, ohne jedoch einen einheitlichen Staat zu bilden. Diese beiden Gruppen lebten lange auf demselben Raum nebeneinander, ohne gegenseitig Kenntnis voneinander zu nehmen. Erst durch die Kriege wurden sie sich der Existenz der anderen wirklich bewusst. Und die Kriege, in denen es um die Eroberung der Gebiete ging, scheinen das Resultat einer totalen Gleichgültigkeit dem anderen gegenüber zu sein, die übrigens eher aus einer fortwährenden Unkenntnis resultiert als aus einem unlösbaren Konflikt.

Ich glaube wirklich, dass es nicht an den Unterschieden liegt, dass diese beiden Völker sich nicht vereinigen konnten, sondern daran, dass sie sich vollkommen ignorierten. Die Israelis haben begriffen – wenn auch sehr spät und unter Schmerzen –, dass sich ihnen gegenüber eine palästinensische Einheit herausgebildet hat, der sie einen gleichwertigen Status zugestehen und deren Legalität sie anerkennen müssen. Zu sehr waren sie mit ihrem eigenen Leid beschäftigt, dem Holocaust, und mit der romantischen Vorstellung des Zionismus. Die Palästinenser andererseits haben lange gebraucht, um eine politische Kraft aufzubauen und die öffentliche Meinung zu mobilisieren: Aus diesem Grund sind sie zum »Wechselgeld« für die anderen arabischen Staaten geworden. Auf demselben Boden haben sich praktisch zwei Geschichten abgespielt, die widersprüchlich und nur wenig bekannt sind. Daher muss sich Frieden zwischen ihnen einstellen, nicht aus Schwäche und nicht weil wir jetzt genug Kriege erlebt haben, sondern weil beide Parteien schon verstanden haben, dass es keine Möglichkeit gibt, einen Krieg zu gewinnen. Man gewinnt nur durch den Frieden.

Ich bin nach wie vor zutiefst überzeugt, dass Israel das Recht hat, auf diesem Boden als Staat zu existieren. Es umfasst Orte, die Israel sich angeeignet hat, weil sie immer schon in seinem Gedächtnis präsent waren, auch während der Diaspora und des Holocaust. Der Boden Israels umfasst die Orte, die die Bibel vor dem Vergessen bewahrt hat, die das Volk gekannt und geliebt hat, noch ehe es dort gewesen ist. Das sind doch nur Worte, Gedanken, werden einige sagen. Aber für uns Juden sind die Gedanken etwas, das wirklich existiert. Was der Gründung Israels vorausging, war eine Sehnsucht. Das verstehen die Palästinenser anscheinend nicht. Israel ist ein Zufluchtsort, an dem die Überlebenden aufgenommen wurden, aber es ist auch ein wiedergefundener Ort, der für uns nie aufgehört hat zu existieren. Ein Gebiet, das in der geistigen Vorstellung Tausende von Jahren im kollektiven Gedächtnis eines Volkes überlebt hat.

Damit soll das Leid des palästinensischen Volkes nicht verdeckt werden, das ebenfalls eine qualvolle Situation erlebt hat, aber diese Leidensphase war viel kürzer. In Israel hat niemand eine »normale« Lebensgeschichte, und diese Gemeinschaft der Verbannten und Toten lebt in den Tiefen der kollektiven Traumwelt fort. Im Laufe der Jahre haben wir uns in dieser unhaltbaren Situation eingeschlossen, die uns in eine Richtung drängt, die der ursprünglichen Berufung des Judentums zuwiderläuft. Kann man sich als Unterdrücker aufführen, obwohl die ganze Geschichte des jüdischen Volkes darauf beruht, dass es selbst unterdrückt wurde? Die Unterdrückung ist für denjenigen, der sie ausübt, ebenso gefährlich wie für denjenigen, der sie erleiden muss.

Wenn wir unseren Traum wiederfinden und unseres Landes würdig sein, wenn wir schließlich unsere Werte an nachfolgende Generationen weitergeben wollen, müssen wir mit unseren Nachbarvölkern zu einer Einigung gelangen. Seit hundert Jahren sind wir Feinde, jetzt ist die Zeit gekommen, dass wir gute Nachbarn werden.

Kleine Schritte Richtung Frieden

Als 1984 unser Sohn Assaf geboren wurde, stand auf der ersten Karte, die ich im Krankenhaus erhielt: »Herzlichen Glückwunsch zum neuen Soldaten!« Ich sagte zu Raphi, Assaf werde später ein sehr feinfühliger Mann sein und Geige spielen. »Es ist noch lange hin bis zum Jahr 2002«, gab Raphi mir zur Antwort und fügte hinzu: »Mach dir keine Sorgen. Israel wird keine Armee mehr brauchen. Du wirst mit deinem Sohn im Duett spielen können.« Jede Geburt gibt denjenigen neuen Antrieb, die auf den Optimismus setzen. Aber die Kommentare, die die Geburt eines Sohnes begleiten, unterscheiden sich sehr von jenen, die geäußert werden, wenn ein Mädchen zur Welt kommt. Bei einem Jungen mischt sich unter die Freude über die Geburt immer auch gleich Besorgnis. Die Männer müssen einen langen Militärdienst ableisten, sie werden an die Front geschickt und sind einem stärkeren sozialen Druck ausgesetzt. Sie sollen in der Gesellschaft etwas Besonderes leisten und Risiken für sie eingehen. Immerhin war es 1984 schon sieben Jahre her, dass Sadat nach Jerusalem gekommen war. Der Friedensvertrag war bereits eine Realität geworden, die zum Alltag gehörte. Israel war dabei, direkte Verhandlungen mit König Hussein vorzuschlagen. Die Intifada, der »Krieg der Steine«, dieser zivile Aufstand der palästinensischen Bevölkerung, die seit Jahren unter Besatzung stand, sollte erst im Dezember 1987 ausbrechen. Zu diesem Zeitpunkt nannten wir diesen Aufstand kurz *Intifada*, wir wussten nicht, dass er nicht der Einzige bleiben würde. Später hieß er dann »Erste Intifada«.

1986 kam es zu einer Reihe von Ereignissen, die auf eine Veränderung im Lauf der Geschichte hoffen ließen und eine neue Phase der Versöhnung anzukündigen schienen: Jassir Arafat erklärte die Charta der PLO, die das Verschwinden des Staates Israel vorsah, für »hinfällig«. Der Ministerpräsident (mein Vater) traf sich mit führenden spanischen Politikern und unterzeichnete fast fünf Jahrhunderte nach der Inquisition, in deren Verlauf 1492 alle spanischen Juden aus Spanien vertrieben worden waren, einen Versöhnungsvertrag. Gemeinsam mit König Hassan von Marokko veröffentlichte er ein Kommuniqué, das die Aufnahme diplomatischer Beziehungen ermöglichte. In Alexandria sagte ihm Präsident Mubarak seine Unterstützung zu. Es sah so aus, als wäre die Welt Israel gegenüber nun freundlicher gesinnt. Wir fühlten uns von den Grenzen im Mittleren Osten nicht mehr so eingeengt.

Doch noch im selben Jahr gibt es einen Umschwung. Schamir, der Führer der israelischen Rechten, wird Ministerpräsident und lehnt 1987 mehrere Initiativen ab, die mein Vater vorgeschlagen hatte, um Frieden mit Jordanien zu schließen. Schamir ist gegen seine Idee, eine internationale Konferenz zusammenzurufen. Und was noch schlimmer ist: Er weigert sich, die geplanten Vereinbarungen mit König Hussein von Jordanien in London zu unterzeichnen. Bei den Wahlen für die 12. Knesset im Jahr 1988 sind die Meinungen geteilt: Es bilden sich zwei Blöcke heraus. Das Ergebnis ist eine Regierung der nationalen Union. Diese Spaltung in der öffentlichen Meinung Israels wird nun eine lange Phase charakterisieren, in der das Land in seiner Handlungsfähigkeit gelähmt ist und die Gesellschaft noch mehr Risse bekommt.

In Deutschland kommt es 1989 zur Wiedervereinigung. In unserer Region fallen 1991 die Iraker in Kuwait ein. Wieder haben wir es mit militärischen Auseinandersetzungen zu tun, die wir schon überwunden glaubten. Israel erlebt eine neue Form des Krieges, den Golfkrieg. Unser Sohn ist sieben Jahre alt, unsere jüngste Tochter neun und die älteste sechzehn. Der Golfkrieg ist anders als alle anderen und wird auch anders erlebt.

Der Golfkrieg kam mir vor wie ein irrealer Krieg, der kein Gesicht hat. Der Feind war kein Nachbarstaat und Ursache des Konflikts war dieses Mal nicht die Eroberung von Land. Der Irak hat die Zivilbevölkerung in einer Weise zur Zielscheibe gemacht, wie es deutlicher gar nicht geht. Wir haben diesen Krieg in der Familie erlebt, in unserem Zuhause. Die Iraker feuerten am Abend Scud-Raketen auf die Stadtzentren ab. Um uns zu schützen, dichteten wir die Fenster ab und schlossen uns in geschützten Räumen ein: Wir dachten, dass die irakischen Raketen Giftgas transportieren würden. Tagsüber lief das Leben normal weiter, als ob nichts wäre. Allerdings trug jeder in einem Karton seine Gasmaske mit sich herum. Abends, bevor die Raketen abgefeuert wurden, schloss man sich in den speziell vorbereiteten Räumen ein. Die einzige Verbindung zur Außenwelt waren das Radio oder das Fernsehen, in denen bekannt gegeben wurde, ob man hinausgehen konnte oder zu Hause bleiben sollte. Die Familien – und zwar die Eltern ebenso wie die Kinder – fühlten sich vollkommen ohnmächtig und gedemütigt.

Die unmittelbaren Grenzen hatten nicht mehr dieselbe Bedeutung wie zuvor. Die Bedrohung kam aus größerer Entfernung, aus dem Irak, und nicht von den Golanhöhen. Die arabisch-israelische Bevölkerung war nicht das Ziel. Unsere arabischen Freunde, die israelische Staatsbürger waren, luden uns ein, die Nächte bei ihnen zu verbringen, in ihren Häusern, die nicht so in der Schusslinie lagen wie unseres. Der Golfkrieg löste im kollektiven Gedächtnis des Volkes später Erinnerungen an die schwierigsten Momente seit dem Zweiten Weltkrieg aus, weil eine Bedrohung auf die nächste folgte und man ständig Angriffe mit Giftgas fürchten musste. Außerdem stand auch hier die jüdische Bevölkerung immer im Brennpunkt.

Die Bewohner der großen Städte waren bisher in Kriegszeiten immer am besten geschützt. Plötzlich waren sie der größten Gefahr ausgesetzt. Zahlreiche Familien beschlossen, ihr Zuhause zu verlassen und in weniger gefährdete Gebiete zu ziehen. Die öffentliche Meinung war sehr geteilt: Angesichts der drohenden Zerstörung zogen einige es vor, wegzugehen, was von einer Mehrheit als Fahnenflucht betrachtet wurde.

Der Golfkrieg war eine Art technologischer Krieg. Dennoch war eine Hand nötig, wie mein Vater sagte, um eine Rakete abzufeuern. Dieser Krieg veränderte die bisherige Bedeutung des Begriffs »Verteidigung«: Jetzt konnte eine physische Bedrohung auch aus weiter Entfernung kommen. Daher musste ganz neu über die Sicherung eines konkreten Schutzraumes und die Formulierung der Friedensgespräche nachgedacht werden. Dieser Krieg hat bei uns das Bild von Phantomgestalten hinterlassen, die Masken tragen und fast nichts Menschliches mehr an sich haben. Obwohl die Schäden auf bestimmte Orte begrenzt waren, wurden die Bilder der Zerstörung im Fernsehen übertragen und gingen um die ganze Welt. Gegenüber unseren Kindern fühlten wir uns in doppeltem Sinne machtlos: Wir hatten keine Möglichkeit, auf die Raketenflugkörper zu reagieren, und wir konnten den Jüngsten auch nicht diese Bilder ersparen. Der berühmte Musiker Isaac Stern hat sich von der Situation allerdings nicht entmutigen lassen. Er trat in der größten Konzerthalle von Jerusalem auf und dirigierte das Orchester vor einem Publikum, das Gasmasken trug. »Den großen Geistern geht die Luft nicht aus, selbst nicht durch eine Maske«, sagte er.

In den Kommuniqués zeigte sich ein neuer Aspekt unseres Landes: Der Text war natürlich in hebräischer und in arabischer Sprache verfasst, selbstverständlich in Englisch und Französisch – aber zum ersten Mal auch in Amharisch, der vorherrschenden Sprache der äthiopischen Juden – und in Russisch. Das nenne ich einen »israelischen Salat«: Ein großes Volk in einem kleinen Land empfängt Neuankömmlinge aus der ehemaligen Sowjetunion und aus Äthiopien und bereitet sich abends auf eine Vinaigrette vor, das heißt auf Raketen, die aus einem Staat abgeschossen werden, mit dem es noch nicht einmal eine gemeinsame Grenze hat …

Im Verlauf der achtziger Jahre hat Israel nämlich zwei große Einwanderungswellen erlebt. Wir nennen die Einwanderung *Aliah,* »Aufstieg«, weil man nach Israel »hochkommt« (wie man in Frankreich oder Deutschland etwa sagt, dass man nach Paris oder Berlin »hochfährt«). 1984 kamen im Rahmen des »Unternehmens Moses« 7500 Juden aus Äthiopien. Und 1991, im Rahmen des dreitägigen »Unternehmens Salomon«, konnten wir im Fernsehen die Ankunft von 14400 Äthiopiern verfolgen, die über eine Luftbrücke gekommen waren. Es ist absolut ungewöhnlich, dass am Sabbat im Fernsehen Nachrichten gesendet werden. Die äthiopischen Juden waren schwarz und ihre (traditionellen) weißen Gewänder waren in den Farben Grün, Gelb und Rot bestickt. Männer wie Frauen waren in große Tücher gehüllt. Man sah, wie sie mit ihren Kindern an der Hand aus den Flugzeugen stiegen, mit nackten Füßen und ohne Gepäck. Sie erinnerten an den biblischen Auszug aus Ägypten. Mein Vater sagte: »Niemals wird es einen zweiten Holocaust geben. Solche Augenblicke allein könnten das Leid Israels rechtfertigen.«

Gegenüber diesen Juden, die aus einer Welt kamen, die uns fremd war, haben wir zweifellos viele Fehler begangen, und ihre Integration ist noch nicht abgeschlossen. Es kommen auch ständig neue Menschen, und es ist nicht immer leicht, sie aufzunehmen, ohne dass es zu Schwierigkeiten kommt. Ich kümmere mich darum, dass die Kinder eine Schulbildung erhalten, und wenn uns das für die Übergangsgeneration auch nicht immer sehr gut gelungen ist, so versuche ich wenigstens, die Zukunft der Jüngsten mit zu sichern. In Israel spricht man meist von der »Wüstengeneration«. Dies ist eine biblische Anspielung auf die Kinder Israels, die die Wüste Sinai durchquerten und immer eine Abgabe zahlen mussten, wenn sie von einem Land ins nächste kamen. Lange Zeit vertrat die Regierung die Ansicht, man müsse vor allem in die Kinder investieren. Doch seit kurzem hat sich gezeigt, dass die Eltern die Leidtragenden dieses Systems waren. Die Kinder wachsen in einer Familie auf, in der alles unsicher ist, in der die Eltern arbeitslos sind. Daher zahlen nicht nur die Eltern den Preis für den Wandel, sondern auch die Kinder.

Die Zusammensetzung der israelischen Gesellschaft hat sich auch durch die massive Einwanderung aus der ehemaligen Sowjetunion seit 1990 verändert. Die äthiopischen Juden hatten durch ihre lange und heldenhafte Aliah auf sich aufmerksam gemacht. Die russischen Juden aber prägten die Gesellschaft. Ihre Zahl beläuft sich heute auf etwa eine Million, wobei unsere gesamte Bevölkerung inzwischen sechs Millionen Menschen umfasst. Die russische Einwanderungswelle hat den Arbeitsmarkt in Bewegung gebracht und die Mietpreise beeinflusst, und sie hat der Gesellschaft Fragen aufgegeben, die sie sich sonst vielleicht nicht gestellt hätte. Es gab unter den Neuankömmlingen zahlreiche Musiker und Ärzte. Mein Vater sagte einmal, dass man mit all diesen Musikern in Israel genügend Orchester aufstellen könnte, um an jeder Straßenecke ein Konzert zu geben, dass man aber bei all den Ärzten doch hoffte, dass es nun nicht zusätzliche Kranke geben würde ... Es gab viel gemischte Paare (Juden und Nicht-Juden) unter diesen Einwanderern. Unter dem Druck der »Russen«, wie wir sie nennen, ohne ihre Nationalitäten zu unterscheiden, ist die israelische Gesellschaft heute dabei, den Status quo zwischen Geistlichen und Laien, wie er seit der Gründung des Staates bestand, wieder in Frage zu stellen.

Die russischen Juden, die unseren Staat von außen betrachtet hatten, brachten auch das nationale Erziehungssystem wieder in die Diskussion, das eine ziemlich wichtige Krise durchmachte: Sie zögerten nicht, ihre Unzufriedenheit zum Ausdruck zu bringen. Um diese Krise verstehen zu können, muss man ein wenig zurückgreifen. Die Nachkriegsgeneration erzog die Kinder in absoluter Freiheit. Sie wollte damit die traumatischen Erlebnisse und die schrecklichen Erinnerungen der »versteckten Kinder« kompensieren, denen man die Kindheit geraubt hatte. Die nächste Generation (unsere) fühlte sich dann, so glaube ich, schuldig, weil sie eine dritte Generation in einer Atmosphäre aufwachsen ließ, in der ständig Krieg herrschte. Vielleicht verlangten wir von ihnen zu große Opfer. Das Resultat war jedenfalls verheerend: Die Kinder waren schlecht erzogen, hatten keine Manieren, benahmen sich flegelhaft und nahmen sich das Recht heraus zu tun, was sie wollten. Sie waren so verwöhnt, dass es für sie keinen Grund mehr gab, sich zu engagieren und für etwas zu kämpfen.

Man muss dazu sagen, dass die Struktur vieler Familien zum Teil zerstört worden war. Von denjenigen, die aus Europa kamen, war oft nur noch ein ganz kleiner Kern der Familie übrig geblieben. Viele Kinder kannten weder ihre Onkel noch ihre Großeltern. Die Familien aus dem Orient dagegen waren meist nicht vom Holocaust betroffen und manche hatten es geschafft, stabilere Verhältnisse aufrechtzuerhalten.

Die Hilflosigkeit der Familien angesichts der Kindererziehung hat in Israel enorme Ausmaße angenommen – möglicherweise größere als anderswo: Die alten Sitten und die Modelle für gutes Benehmen sind vollkommen verloren gegangen. Sie ruhten auf einer Basis, innerhalb derer sich die verschiedensten Kulturen miteinander vermischten. Vor allem fußten sie aber auf der Tradition des Talmud, der den Schüler dazu ermutigt, Fragen zu formulieren und nicht einfach die Autorität des Meisters zu akzeptieren. Das Bedürfnis, neue Formen der Autorität einzuführen, war immer deutlicher zu spüren. Um dem zu entsprechen, organisierten Radio- und Fernsehsender spezielle Sendungen, an denen ich beteiligt war. Ich habe dort sehr bereichernde Erfahrungen gemacht, indem ich versuchte, mich mit den Eltern über das auszutauschen, was wir über das Lesen- und Schreibenlernen ihrer Kinder wussten. Es ging uns darum, bei den Eltern wieder Vertrauen in ihre Kinder zu wecken, damit diese sich wiederum auf diese Sicherheit stützen konnten. Die Angst war schon immer eine äußerst schlechte Ratgeberin: In der Beziehung zwischen Eltern und Kindern ist sie leider allgegenwärtig.

Ein großer Teil der Verantwortung für die Verteidigung unseres Landes liegt auf den Schultern der Jüngsten. Außer den wichtigen Entscheidungen, die alle Jugendlichen an der Schwelle zum Erwachsenenalter treffen müssen, werden unsere jungen Leute mit – im wahrsten Sinne des Wortes – lebenswichtigen Diskussionen konfrontiert, die ihren Militärdienst betreffen. Die Erwachsenen wiederum leiden unter einem Schuldgefühl, das immer stärker wird, sobald es an den Grenzen zu neuen Spannungen kommt. Unter diesen Bedingungen ist es nicht verwunderlich, dass die Jugendlichen versuchen, sich möglichst viele Freiheiten herauszunehmen, manchmal sogar in übertriebener Weise.

1993 war unser Sohn neun Jahre alt. Neun Jahre waren vergangen, seit sein Vater das unvorsichtige Versprechen abgegeben hatte: »Kein Krieg mehr, kein Bedarf mehr für eine Armee.« Doch 1992 war ein hartes Jahr, das durch eine Reihe terroristischer Anschläge von Seiten der Muslime gekennzeichnet war, an Orten, die sehr weit von Israel entfernt liegen: In der israelischen Botschaft von Buenos Aires starben zahlreiche Menschen bei einem Attentat. Und bei dem ersten Anschlag auf das World Trade Center gab es 1993 viele Opfer.

In unserer Region schien es für die Zukunft jedoch eine neue Hoffnung zu geben. Im September trafen Israel und die PLO Vereinbarungen zur gegenseitigen Anerkennung. Eine Woche später kam es anlässlich einer Feier im Weißen Haus zu dem berühmten Händedruck zwischen Rabin und Arafat. Die Friedensvereinbarungen, die lange Zeit heimlich vorbereitet worden waren, wurden nun öffentlich gemacht. Die Bilder dieser Szene auf dem grünen Rasen, an diesem sonnigen Tag und unter strahlend blauem Himmel wurden weltweit ausgestrahlt. Für uns bedeuteten sie, wie wir glaubten, das Ende der Zurückweisung und den Beginn eines neuen Lebens.

An dem Tag, als 1994 die Verträge mit Jordanien unterzeichnet wurden, war ich anlässlich einer Vortragsreise, die mich dazu zwang, zahlreiche Inlandsflüge zu unternehmen, in den Vereinigten Staaten. Am Flughafen hielt ich dem jungen Mann am Schalter ganz automatisch mein Flugticket hin. »Wie wird bitte Ihr Name ausgesprochen, gnädige Frau? Ist das ein hebräischer Name?« fragte er mit einem leichten Lächeln. »Ja, er bedeutet ›Gazelle‹.« – »Das dachte ich mir«, fügte er mit einem verträumten und sehnsüchtigen Blick hinzu. »Sie dürfen erster Klasse fliegen!« Noch ehe ich die Zeit hatte, mich zu bedanken, fuhr er fort: »Ich habe 1980 als Freiwilliger in einem Kibbuz gearbeitet ... Sie war süß, meine Tsvia! Und heute unterzeichnen wir die Verträge mit Jordanien, das muss gefeiert werden!« Der Flug in der ersten Klasse erlaubte mir, mich vorzubereiten, und ich trank meinen Champagner auf das Ereignis, noch ehe ich die Zeremonie auf dem Bildschirm in meinem Hotelzimmer angesehen hatte. Sie fand an dem Ort statt, wo ich meinen Militärdienst absolviert hatte. Sehr bewegt erinnerte ich mich an die vielen Stunden, die ich in Gerofit verbracht, nach Jordanien geschaut und die andere Seite des Tales betrachtet hatte. »Wird es eines Tages Frieden zwischen uns geben?« fragte ich mich damals. »Werden wir einmal die Gelegenheit haben, auf die andere Seite dort drüben zu gehen?« Zu dieser Zeit führte meine Arbeit mich in dieses Tal, denn wir hatten ein gemeinsames Entwicklungsprojekt zwischen einem israelischen Gymnasium und zwei jordanischen Schulen auf den Weg gebracht. Die jordanischen Schulen befinden sich genau in dem Dorf, das man von Gerofit aus sehen konnte. Die jordanischen und die israelischen Schüler bauten zusammen eine Internetseite auf, auf der die Ergebnisse einer gemeinsamen Untersuchung über die Lebensbedingungen in der Region zusammengestellt sind. Die Eltern der Kinder, die auf beiden Seiten der Grenze wohnen, hatten sich noch nie getroffen. Die Jugendlichen, die regelmäßig zusammenkamen, machten aus der Internetseite einen gemeinsamen Ort, der von jeder Grenze unabhängig ist. Leider hat die Intifada von Al-Aqsa die vollständige Verwirklichung dieses Projektes gestoppt.

Die Ironie der Geschichte sorgte dafür, dass fünf Persönlichkeiten aus unserer Region, in der es nun seit mehr als hundert Jahren Konflikte gibt, den Friedensnobelpreis erhielten: Sadat und Begin 1977, Arafat, Rabin und mein Vater 1993. Ich messe diesem Preis vor allem deshalb so große Bedeutung bei, weil ich darin eine Ermutigung sehe, den Prozess weiter hartnäckig fortzusetzen. Unsere Familie, die es normalerweise vermeidet, in der Öffentlichkeit aufzutreten, hat in Oslo eine ganz besondere Erfahrung gemacht. Sie hat dort einen symbolträchtigen Augenblick erlebt, der aber auch zugleich von Zurückhaltung geprägt war. Der Schnee, der auf Norwegen fiel, stand im Gegensatz zu der mediterranen Stimmung, die die Teilnehmer dort verbreiteten. Am Freitagabend feierten wir gemeinsam im Hotel Sabbat: Rabins Familie, unsere und die ganze Delegation aus Israel. Dazu zählten Personen mit ganz unterschiedlichem Hintergrund: Juden, Araber und Drusen, Politiker, Schriftsteller, Sänger und Menschen, die ihre Angehörigen durch die Konflikte verloren hatten. Es war der einzige Moment an diesem Wochenende, an dem wir nur unter Israelis waren. Diese Zeremonie des Sabbatfestes, das im vertrauten Kreis, aber ganz feierlich begangen wurde, gab uns Sicherheit: Jeder beteiligte sich an den Gesängen und den Gebeten, und die Worte spiegelten die unmittelbare Realität wider:

»Derjenige, der im Himmel für Frieden sorgt, wird auch uns den Frieden bringen, dem Volk Israel und der ganzen Welt. So sei es, Amen.«

Alles war wie verwandelt. Die Vergangenheit schien endgültig hinter uns zu liegen. Schluss mit der Gewalt und dem blinden Hass. Wir waren trunken vor Glück, und die Palästinenser auch. Wir dachten, dass wir vor einer neuen Epoche stünden.

Aber der Hass war auf beiden Seiten noch wach, bei uns ebenso wie bei den Palästinensern. Im Inneren Israels kam es zu einem neuen Konflikt. Je näher der Frieden kam, desto verzweifelter wurden die Extremisten. Im Februar 1994 eröffnete Baruch Goldstein, ein jüdischer Extremist und von Beruf Arzt, das Feuer in Hebron, im Inneren der Patriarchengräber. Die Gräber sind ein Sinnbild des Konfliktes und eine heilige Stätte, sowohl für die Juden als auch für die Muslime. Seit Beginn des Jahrhunderts tragen Kunstgegenstände und Andenken aller Art, die aus Israel stammen, das Bild der Patriarchengräber. Und jedes Kind kennt in Israel die Geschichte vom ersten Kauf einer Grabstätte, die in der Genesis erzählt wird (Kapitel 23, Verse 4–6 und 19): Abraham, der seine Frau Sarah verloren hat, will ein Grab kaufen, um sie zu bestatten und dort auch selbst später einmal beerdigt zu werden.

»Ich bin ein Fremder und Einwohner bei euch; gebt mir ein Erdbegräbnis bei euch, dass ich meinen Toten begrabe, der vor mir liegt.«

Da antworteten Abraham die Kinder Heth und sprachen zu ihm:

»Höre uns, lieber Herr! Du bist ein Fürst Gottes unter uns, begrabe deinen Toten in unseren vornehmsten Gräbern; kein Mensch soll dir unter uns wehren, dass du in seinem Grabe begrabest deinen Toten.« (Verse 4–6)

»Danach begrub Abraham Sara, sein Weib, in der Höhle des Ackers, die zwiefach ist, Mamre gegenüber, das ist Hebron, im Lande Kanaan.« (Vers 19)

Auch die Muslime ehren diese Grabstätte, wo sie regelmäßig Gebete sprechen. Dieses Grab, das zunächst ein Symbol des Zusammenlebens zwischen Heth und Abraham war, ist zu einem Ort geworden, an dem ständig Auseinandersetzungen stattfinden. Beim Purim-Fest betrat Baruch Goldstein die Grabstätte, als die Muslime dort beteten, und schoss auf die Gläubigen. Fast vierzig von ihnen wurden getötet. Das war einer der schmerzlichsten Tage meines Lebens. In Israel forderte die extreme Linke, dass wir Hebron an die Palästinenser abgeben sollten, weil die Mehrheit der Bevölkerung dem Islam angehöre. Einige gingen sogar so weit zu behaupten, dass Hebron schließlich eine Stadt sei wie jede andere auch. Meiner Meinung nach leugnet derjenige, der von Hebron spricht wie von Nablus oder Gaza, eine bedeutende Dimension der jüdischen Zivilisation. Er löscht die Erinnerung an eine Stadt aus, die seit unserer Kindheit in unserem Gedächtnis ist. Meine Position ist nach wie vor: In Hebron muss vor allem deswegen Frieden sein, weil diese Stadt für uns eine besondere Bedeutung hat. Ich will nicht, dass die Stadt bombardiert wird. Für mich ist wichtig, dass sie unversehrt bleibt. Ich will dort hingehen können, wenn ich möchte, aber lieber als gute Nachbarin denn als Angehörige eines Landes, unter dessen Besatzung sie steht. Ich empfinde für Hebron eine Verbundenheit, die mit der jüdischen Geschichte zusammenhängt, aber so stark sie auch sein mag – wir müssen die Stadt deshalb nicht besitzen. Sie gehört mir bereits: Sie ist Teil meiner geistigen Landschaften und taucht in meiner Sprache auf. Aus Goldsteins Verbrechen habe ich zwei schmerzliche Lehren gezogen: Es kann vorkommen, dass ein Mensch, der anscheinend friedlich ist, im Namen eines fanatischen Eifers zu einem verzweifelten Mittel greift. Ich bedauere, dass es unter uns Menschen gibt, die Fanatismus nicht mit der erwarteten Entschiedenheit verurteilen. Es gibt unter uns mehr Gewalttätigkeit, als ich bereit war, mir einzugestehen.

Der Marsch in Richtung Frieden ging weiter, mit kleinen Schritten, auch wenn wir dafür einen immer höheren Preis zahlen mussten. Als israelischer Außenminister konnte mein Vater die Abkommen von Kairo und Jericho unterzeichnen. Er war offiziell nach Amman gereist und hatte die Erklärung unterschrieben, die dem Krieg mit Jordanien ein Ende setzte. Anlässlich eines Besuches in Rabat hatte er beschlossen, ein Verbindungsbüro zwischen Marokko und Israel einzurichten und einen Wirtschaftsgipfel in Casablanca abzuhalten. 1995 kam es zu einer Vereinbarung mit Arafat über die Ausdehnung der palästinensischen Autonomie.

Diese diplomatischen Aktivitäten hatten Auswirkungen auf das Innere des Staates. Am 4. November 1995 kamen zahlreiche Israelis in Tel Aviv zu einer Friedenskundgebung zusammen. Auf der Bühne umarmte Jitzhak Rabin meinen Vater, der nach vielen Jahren der politischen Rivalität zu seinem bevorzugten Partner geworden war. Beide waren älter als siebzig Jahre und hofften, mit ihrer Weisheit der jungen Generation einen dauerhaften Frieden übergeben zu können. In dieser Kundgebung sahen die einen eine Botschaft der Hoffnung und des Lebens, andere empfanden sie als eine solche Bedrohung, dass sie mit einem Verbrechen endete: Rabin wurde ermordet, als er von der Bühne heruntерstieg. Mein Vater ging ihm nur wenige Schritte voraus.

Die Bilder dieser Kundgebung, die so brutal durch Schüsse unterbrochen wurde, gingen um die Welt. Die Aufnahmen von Tränen, Kerzen und der Beerdigung Rabins wurden von allen Medien verbreitet. Der Schrecken und das Entsetzen haben die israelische Gesellschaft aufgerüttelt und erschüttert. Sie wird nie mehr sein, wie sie vorher war. Wir kamen an diesem Tag von einem Wochenende in Galiläa zurück und hörten im Auto den Bericht über die Kundgebung. Der Kommentator betonte das Einvernehmen, das sich zwischen Rabin und meinem Vater eingestellt hatte. Zu Hause hatte meine Tochter den Fernseher eingeschaltet, um die letzten Augenblicke der Veranstaltung zu verfolgen. Ich hörte sie schreien und weinen: »Rabin ist umgebracht worden!« Ich konnte nicht glauben, dass er wirklich tot war. Ich wollte diese Tatsache nicht akzeptieren. »Er wird es überleben«, sagte ich zu meiner Tochter. Seitdem wirft sie mir vor, dass ich nicht den Mut hatte, die Wahrheit zur selben Zeit zu akzeptieren wie sie.

Bis dahin war Israel immer stolz darauf gewesen, dass es nie einen Bürgerkrieg erlebt hatte. Die Ermordung des Ministerpräsidenten durch einen israelischen Staatsbürger, der noch dazu Jude war, bedeutete eine Verletzung des göttlichen Gebotes »Du sollst nicht töten«. Rabins Tod war ein Schock für meinen Sohn, der damals elf Jahre alt war. Als er am Tag nach dem Attentat aus der Schule kam, setzte er sich ans Klavier und sagte: »Darf man heute Musik machen?« Ich antwortete ihm, dass jeder Ausdruck der Trauer legitim sei, aber dass es nicht Brauch sei, an einem Tag der nationalen Trauer zu musizieren. Er schrieb also ein Gedicht. Der Refrain lautete: »›Er wird lachen‹ existiert nicht mehr, er wird nicht mehr lachen.« (Jitzhak oder Isaak, Rabins Vorname, bedeutet auf Deutsch: Er wird lachen.) In der Bibel wählt Sara, Isaaks Mutter, diesen Namen zum Andenken an ihr Lachen, mit dem sie das göttliche Versprechen empfing, dass sie einen Sohn gebären werde, nachdem sie schon alle Hoffnung auf ein Kind aufgegeben hatte.

»Da sprach der Herr zu Abraham: Warum lacht Sara und spricht: Meinst du, dass es wahr sei, dass ich noch gebären werde, so ich doch alt bin?« (Genesis 18, Vers 13)

»Und Sara sprach: Gott hat mir ein Lachen zugerichtet; denn wer es hören wird, der wird über mich lachen.« (Genesis 21, Vers 6)

»Und Abraham hieß seinen Sohn, der ihm geboren war, Isaak, den ihm Sara gebar.« (Genesis 21, Vers 3)

In der jüdischen Tradition ist mit dem Namen Jitzhak sowohl die Hoffnung auf ein Kind verbunden als auch die Opferhandlung, der es möglicherweise preisgegeben wird. Das Gedicht meines Sohnes brachte die Stimmung in Israel sehr gut zum Ausdruck. Die Bevölkerung befand sich in einem Schockzustand, dadurch war sie besonders empfänglich. Dieses Gedicht hatte ein elfjähriges Kind geschrieben, dessen Großvater anstelle von Jitzhak Rabin hätte ermordet werden können.

Meine erste Reaktion war, dass Rabins Mörder irgendein Verrückter gewesen sein musste, kein religiöser Fanatiker. Viele Menschen in meiner Umgebung dachten ebenso. Am Tag nach dem Attentat sprach ich in einem Rundfunkinterview von »Unkraut«, um diejenigen zu bezeichnen, die sich dem Friedensprozess entgegenstellten. Gleich darauf erhielt ich zahlreiche Telefonanrufe, in denen man mir versicherte, dass ich mich irrte. Dass es sich nicht um ein bisschen »Unkraut« handelte, sondern um einen ganzen Garten, den wir weder bepflanzt noch gepflegt hatten.

An Vorboten der Gewalt hatte es jedoch nicht gefehlt, zumindest nicht für diejenigen, die sie sehen wollten. Aber die meisten von uns hatten nicht den Mut, sich ihnen zu stellen. Ich hatte meinen Eltern nichts von den Drohbriefen und Anrufen erzählt, die mich Tag und Nacht erreichten, und in denen mein Vater des Verrats an Israel beschuldigt wurde. Es hatte auch Beschädigungen an unseren Autos gegeben, mein Arbeitszimmer war verwüstet und ich war in aller Öffentlichkeit beleidigt worden. Wollten wir uns durch unser Schweigen davor schützen, uns Sorgen machen zu müssen? Wollten wir uns ganz naiv an die Hoffnung klammern und uns weigern, den Ernst dieser Ereignisse zur Kenntnis zu nehmen? Hatten wir die Furcht und innere Bedrängnis derjenigen nicht unterschätzt, die gegen den Friedensprozess waren?

Jeder dieser Vorfälle hätte uns doch eine Warnung sein müssen. Wir hätten begreifen müssen, dass die israelische Gesellschaft zerrissen war, und dass einige, die alle Hoffnung aufgegeben hatten, sie könnten das Große Israel schützen, beschlossen hatten, auf Beleidigungen und Gewalt zurückzugreifen. Ich hatte immer geglaubt, dass ihre Opposition mit der Zeit nachlassen würde und hatte den Eindruck, dass dieser Prozess damals in Gang kam.

In der öffentlichen Meinung in Israel gibt es drei große Strömungen. Um die Dinge zu vereinfachen, will ich die erste hier als »pragmatisch« bezeichnen. Ihre Auffassung besteht darin, dass man nach einem Kompromiss sucht, der dem Staat sichere Grenzen garantiert. Die zweite Gruppe nimmt eine defensive Haltung ein. Sie will das Land auf seine natürlichen Grenzen beschränken. Die Einstellung der dritten Gruppe tendiert zum Messianismus. Diese Menschen träumen davon, das Große Israel zu errichten. Sie erkennen nur die Grenzen an, die in der Bibel erwähnt werden. Die Hoffnung auf Frieden hat uns blind gemacht für die Stimmen der Gegner – sowohl für jene derjenigen in unserem eigenen Land als auch für jene, die nach außen getragen wurden.

Nach dem Attentat auf Rabin wurde mein Vater zum Ministerpräsidenten ernannt. Israel, das er regieren sollte, war ein verwundetes Land, gespalten durch einen Bruch, den es noch nie erlebt hatte. Zu der Angst, die der Mord verursacht hatte, kam die Furcht vor der Hamas, die wenige Wochen vor den Wahlen eine ganze Serie von Attentaten durchgeführt hatte, um die Schaffung des versprochenen Staates zu beschleunigen. Diese Attentate trafen empfindliche und verletzbare Ziele innerhalb der Zivilbevölkerung. Diese Angriffe beschleunigten die Einigung nicht, sie schwächten vielmehr das Lager der Friedensbewegung. Die Aktivisten, die einen schrecklichen Schock erlitten hatten, verfielen in eine tiefe Verzweiflung. Bei den Wahlen konnten sie dann keine ausreichende Mehrheit auf sich vereinigen, so dass Benjamin Netanjahu, der Repräsentant der Rechten, der in der politischen Szene vorher nie eine Rolle gespielt hatte, 1996 plötzlich zum Ministerpräsidenten gewählt werden konnte.

Als junge Frau erlebte ich die Kriege zunächst im Rhythmus der Verluste meiner Freunde. Es waren vor allem Männer, die an der Front starben. Später, als Mutter, teilte ich dann mit meinen Freundinnen den Schmerz, wenn sie ihre Kinder verloren hatten, die mitten im zivilen Leben niedergestreckt worden waren.

1996 kam eine Lehrerin an die Schule, die ich leitete, um dort ihr Referendariat zu absolvieren. Ihre Tochter war genauso alt wie meine: vierzehn. Sie hieß Bat Hen (im Hebräischen bedeutet dies »Tochter der Anmut«). Sie wurde im März bei einem Attentat in Tel Aviv getötet. Ihre Eltern setzten sich für den Frieden ein und sie tun es noch. Eine meiner engsten Kolleginnen hatte auch eine Tochter in diesem Alter, sie hieß Semadar (»Knospe der Frucht«). Da ihre Mutter wollte, dass sie fließend Arabisch sprach, hatte Semadar eine arabische Frau aus dem Nachbardorf als Kindermädchen. Semadar starb bei einem Attentat in der Fußgängerzone von Jerusalem. Meine Kollegin, ihr Ehemann und ihre Eltern engagieren sich immer noch für den Frieden. Innerhalb eines Monats, als die Vereinbarungen in Oslo bereits unterzeichnet waren, verloren meine beiden Freundinnen ihre Töchter. Sie waren noch nicht einmal Soldatinnen gewesen, sondern einfach junge Gymnasiastinnen.

Raphi und ich versuchten, uns aktiv in der Friedensbewegung einzusetzen und Ungerechtigkeiten, die während der Besatzungszeit geschehen waren, auszugleichen. Aber wir nahmen nie an öffentlichen Kundgebungen teil. Da mein Vater immer noch eine zentrale Rolle auf der politischen Bühne spielte, hatten die anderen Familienmitglieder immer ein bisschen das Gefühl, nicht ganz ernst genommen zu werden, wenn sie ihre persönliche Meinung kundtaten.

Die Anhänger der Friedensbewegung gründeten zahlreiche Organisationen (zu denen sich ständig neue gesellen), um zur Schaffung der nötigen sozialen Strukturen beizutragen. Raphi engagiert sich in einer Ärzte-Organisation, die es sich zur Aufgabe gemacht hat, die Einhaltung der Menschenrechte zu überwachen und den palästinensischen Dorfbewohnern Hilfe anzubieten. Zehn Jahre nach der Unterzeichnung der Osloer Verträge kümmert sich diese Organisation auch um einen Austausch zwischen israelischen und arabischen Ärzten.

Ich selbst arbeite an einer zweisprachigen Zeitung mit, *Fenster* (*Shababik* auf Arabisch, *Halonot* auf Hebräisch), die jungen Lesern zwischen dreizehn und achtzehn Jahren neue Perspektiven zeigen will. Die Journalisten sind Juden, Muslime und israelische Christen sowie palästinensische Araber, die unter anderem aus Gaza und Ramallah stammen. Von meinem jeweiligen Standort aus versuche ich immer, durch Initiativen, die sich der Kultur der Sprache und des Zuhörens widmen, zum Friedensprozess beizutragen.

Hebräisch – die gelobte Sprache auf heimatlichem Boden

Israel ist ein Land von Einwanderern, »die aus siebzig Ländern kommen und siebzig Sprachen sprechen« (so heißt es im Talmud). Hebräisch ist ihre gemeinsame Sprache, die mit zunehmender Verbreitung immer mehr zur Alltagssprache geworden ist. Die Gründer des Staates Israel sprachen aus Überzeugung und mit militantem Eifer Hebräisch. Jeder von ihnen hatte eine andere Muttersprache, die er zurückdrängen wollte. Viele Kinder entdeckten erst recht spät voller Überraschung, dass ihre Familien Russisch, Polnisch oder Arabisch sprechen konnten. Ich weiß noch, wie erstaunt ich selbst als Kind war, als ich meinen Vater Jiddisch reden hörte. Es war verboten, eine andere Sprache zu sprechen, ebenso wie den Holocaust oder die Diaspora zu erwähnen. Man musste vergessen, wieder gutmachen, die Scham, zu den Überlebenden zu gehören, überwinden. Die ersten Jahre nach dem Zweiten Weltkrieg waren tatsächlich durch das doppelte Schweigen einer ganzen

Generation gekennzeichnet: derjenigen, die nicht über die richtige Sprache verfügten, um zu erzählen, was geschehen war; und derjenigen, die jedenfalls nicht die Worte suchen wollten, um ihre Geheimnisse preiszugeben.

Meine Großmutter väterlicherseits hatte auch ein Geheimnis. Ich bewunderte sie sehr, vor allem, weil sie ausgesprochen viel las. Sie las die russischen Schriftsteller, von denen ich nur einen Teil kannte, weil ich auf die hebräischen Übersetzungen angewiesen war. Oft gingen mein Cousin und ich am Wochenende zu ihr, um Sabbat zu feiern. Und am Freitagnachmittag ging sie mit uns zu ihrem Buchhändler, wo wir uns ein Buch für die Woche aussuchen durften. Ich redete immer lebhaft auf meinen Cousin ein, damit er ein Buch wählte, das ich lesen wollte. Meine Großmutter hätte gern jedem von uns zwei Bücher mitgegeben, aber unsere Eltern waren dagegen, weil wir nicht zu sehr verwöhnt werden sollten. »Die Wahl eines Buches ist eine wichtige Entscheidung«, erklärte mein Vater, »und solch ein Problem kann man nicht immer dadurch lösen, dass man sich zum Kauf von zwei Büchern entschließt statt nur eines zu nehmen.«

Als wir am Abend nach einem dieser berühmten Freitage wieder zu Hause waren, bemerkte ich im Schlafzimmer meiner Großmutter auf dem Nachttisch ein Buch in hebräischer Sprache, in dem ein Lesezeichen steckte. Da ich eine kleine Leseratte war und mich so für Bücher interessierte, fiel mir auf, dass das Buch in der nächsten Woche noch genau am selben Platz lag und auf noch derselben Seite geöffnet war. Auch das Lesezeichen war offenbar nicht weiterbewegt worden. Ich war erst elf, aber ich erinnere mich noch an meine Empörung: Für mich war es unvorstellbar, dass man ein Buch nicht innerhalb einer Woche zu Ende las. Beim Abendessen erzählte ich allen laut davon, aber das verlegene Schweigen der Erwachsenen gab mir zu verstehen, dass es da ein Geheimnis gab, über das man nicht sprechen wollte. Meine Großmutter wurde abwechselnd bleich und rot und warf meinem Großvater einen Blick zu: »Das musst du ihr erklären.« Zögernd nahm er mich mit ins Schlafzimmer, schlug die Bettdecke zurück und zeigte mir zahlreiche Bücher, die in russischer und in jiddischer Sprache geschrieben waren, kleine und große, rote und schwarze, neue und alte, ein oder zwei Bücher mit sehr schönen Einbänden, Zeitungen – ein ganzer Bücherberg! Er erklärte mir dann, dass dies ihre wirkliche Lektüre war. Meine Großmutter kam, um sich zu rechtfertigen: Bis sie nach Israel kam, hatte sie keinen wirklichen Gefallen daran finden können, in hebräischer Sprache zu lesen. Sie konnte diese Sprache sprechen und auch fließend lesen, da sie ja gewohnt war, Jiddisch zu lesen, das in hebräischen Buchstaben geschrieben wird. Sie konnte die Zeitung so weit entziffern, dass sie die Nachrichten lesen konnte. Aber Russisch blieb ihre Muttersprache, die Sprache der

Dichter und großen Romanschriftsteller, die Sprache der Musik und der Lieder, und vor allem die Sprache der Landschaften ihrer Kindheit. Nur das Russische sprach ihre Emotionen an. Aber das Verbot anderer Sprachen außer der hebräischen war so stark, dass sie sich nicht öffentlich dazu bekennen konnte. Die Verbundenheit, die ich ihr gegenüber empfand, wurde dadurch noch verstärkt.

Während der folgenden Monate brachte sie mir bei, kyrillische Buchstaben zu lesen und zu schreiben, und wir gingen seitdem gemeinsam in die russische Buchhandlung. Sie kaufte dort ihre Zeitungen, Gedichtsammlungen und Romane, während ich mir Noten aussuchte. Um der »Erneuerung der Sprache« zum Sieg zu verhelfen, mussten die Empfindsamsten unter uns an einem bestimmten Punkt unserer Geschichte akzeptieren, dass sie einen Teil ihrer Identität verstecken mussten.

Im Lauf der Jahrhunderte pflegte unser verstreutes Volk neben der Sehnsucht nach dem Gelobten Land zwei Traditionen: die Lektüre der Bibel und das Studium ihrer Interpretation. Die Juden lesen überall auf der Welt die gleiche *parascha* (die fünf ersten Bücher sind in Kapitel aufgeteilt, von denen jedes einer Woche des Jahres entspricht). Wo sie auch hinkommen, studieren sie die gleiche »Seite des Tages« aus dem Talmud (Bibeldeutungen, die aus der Weisheit der Generationen zusammengestellt worden sind). Die Art zu denken und das Vokabular, das aus diesen Texten abgeleitet wird, dienen nicht nur als Anhaltspunkte für die Geistlichen, sondern für alle gebildeten Menschen, selbst wenn die Ursprünge heute nicht mehr allen bekannt sind. Denn die Auslegung ist weder eine Religion noch eine Philosophie, sondern eine Art zu denken. In diesen Texten gibt es keine vorgeschriebene Wahrheit, sondern eine Vielfalt an Wahlmöglichkeiten. Zum Beispiel *Pirke Avot* (»Die Maximen der Väter«, eine Abhandlung der Mischna*) ist ein Grundlagentext des humanistischen Judentums, der den kleinen Kindern vermittelt wird. Er ist geschrieben nach dem Prinzip »Soundso hat gesagt … Ein anderer hat gesagt …«. Diese Maximen verlangen nicht nur eine intellektuelle Disziplin, sondern auch eine bestimmte Lebensform. Sie entwickeln die Liebe zum Studium, denn schon im Talmud heißt es: »Die Welt ruht auf dem Atem der Kinder, die studieren.«

In der Übergangszeit von der Kindheit zum Erwachsenen ist jeder eingeladen, an der öffentlichen Lesung des Buches des Volkes teilzunehmen. Dieser ständigen Weitergabe der Texte ist es zu verdanken, dass die hebräische Sprache erneuert und modernisiert werden konnte. Zwischen dem 2. und dem 19. Jahrhundert wurde die Sprache im Alltag nur von wenigen Menschen gesprochen. Bis zum Jahr 1885, als Ithamar Ben Avi geboren wurde,

* Sammlung von Lehrsätzen der mündlichen Thora, dem Religionsgesetz der Juden (A.d.Ü.)

hatte noch kein Kind Hebräisch als Muttersprache von seinen Eltern gelernt, aber sie war in den Gedanken und Überlegungen immer präsent. Diese Beständigkeit durch die Jahrhunderte hindurch erklärt, dass man heute kleine Kinder zu den Papierrollen des Toten Meeres führen kann, die im Museum in Jerusalem ausgestellt sind, und sie einen Text lesen lassen kann, der mehr als zweitausend Jahre alt ist: Mit Hilfe einiger Erklärungen, die nur wenige Minuten in Anspruch nehmen, sind sie in der Lage, einen Abschnitt aus dem Buch des Propheten Jesaja zu lesen.

Nach meiner Heirat im Jahr 1973 wurde Tel Aviv zum neuen Zentrum meines Lebens und meiner Arbeit. Ich habe mich seitdem immer als jemand betrachtet, der aus Jerusalem verbannt wurde. Ich begann, Linguistik und Hebräisch am Institut Beit Berl zu unterrichten, der größten Fachschule Israels. Beit Berl (»das Haus von Berl«) ist nach Berl Katznelson benannt, einem Philosophen der Arbeiterbewegung, der 1887 geboren wurde (zwei Jahre nach Ithamar Ben Avi) und 1944 starb (ein Jahr nach Ithamar Ben Avis Tod). Berl Katznelson war der Mentor meines Vaters, er hat ihn entscheidend geprägt. Ich schlage oft in seinen Werken nach, denn er verstand es, eine weltliche Lebensform einzuführen, ohne sich jedoch von der Botschaft des Judentums zu entfernen. Er wurde in Russland geboren. Sein Vater war der Ansicht, dass er besser nicht zuerst Russisch lernen sollte. Die Literatur war zu verführerisch, so dass die Gefahr bestand, dass er von der hebräischen Sprache abgebracht wurde. »Wer das Judentum über eine andere Sprache kennen lernt, ähnelt einem Menschen, der seine Mutter durch einen Schleier hindurch küsst«, sagte Bialik (ein hebräischer Dichter, der 1934 starb), um die enge Verbindung zwischen der hebräischen Sprache und dem Judentum zu verdeutlichen. Der Vater von Berl Katznelson hatte diese Maxime ernst genommen: Er ließ also einen Lehrer ins Haus kommen, der seinem Sohn zunächst Hebräisch beibrachte, ihn dann in der Bibel unterwies und schließlich mit dem Talmud vertraut machte. Erst als der Junge acht Jahre alt war, hielt sein Vater es für angebracht, dass er eine russische Schule besuchte und anfing, Literatur zu lesen. Damit er das moderne Hebräisch lernen konnte, brachte sein Vater ihm ein kleines Werk über die Zehn Gebote mit – denn Kinderbücher in modernem Hebräisch gab es nicht. Aber darin standen nur neun Erzählungen, nicht zehn, weil es unmöglich war, Kindern das Gebot »Du sollst nicht begehren deines Nachbarn Weib« verständlich zu machen. An weltlicher Lektüre standen ihm der erste moderne Führer über Israel zur Verfügung, den Abraham Mosche Lunz zu Beginn des 19. Jahrhunderts geschrieben hatte, und ein Nachschlagewerk über die »Blumen Israels«. Als er also Russland verließ, um nach Israel zu ziehen, glaubte er, Hebräisch sprechen zu können, aber in Wirklichkeit kannte er nur die Sprache der

Bibel sowie ein paar Ausdrücke aus dem Reiseführer und dem Buch über Blumen: In einem Land, das eher trocken war und wo es nicht gerade üppige Grünflächen gab, half ihm daher seine Lektüre wenig, wenn er praktische Informationen erfragen wollte – sein gezierter Sprachstil erwies sich als nicht sehr effektiv bei der Kommunikation.

Das Lehrinstitut trägt seinen Namen, weil er es gründete. Am Anfang war es als Universität für Arbeiter gedacht. In der jüdischen Tradition nennt man die Sommermonate, wenn man die Thora studiert, »Monde der Braut«. In dieser Zeit gibt es auf den Feldern nicht besonders viel zu tun. Das Institut musste also die Arbeiter während der Sommermonate aufnehmen, wenn es für landwirtschaftliche Tätigkeiten zu heiß war, und ihnen eine Phase des Studiums und der Reflexion anbieten. Es befand sich damals an einem abgelegenen Ort, mitten im Sarontal, in dem es zu dieser Zeit eine üppige Vegetation gab, was außergewöhnlich war. Ich fing mit meiner Arbeit an diesem Institut 1973 an, später wurde ich seine Direktorin. Die Einrichtung ist inzwischen ein gemischtes Ausbildungsinstitut, das es versteht, Tradition und Modernität zu verbinden.

Ich habe oft gedacht, dass ich Glück hatte, weil ich die Sprache der Bibel beherrschte. Denn Namen, die für Menschen der westlichen Welt nichts weiter als Eigennamen sind, sind für uns Worte, die man im täglichen Leben benutzt. Die Namen

Adam und Eva haben im Hebräischen eine präzise etymologische Bedeutung: »Adam« bedeutet »ein Mensch« und hängt zusammen mit *adama,* »der Erde«, und mit *dam,* das »Blut«. Der Name Eva, *Hava,* ist abgeleitet von *hai,* was so viel bedeutet wie »alles, was lebendig ist«. Wenn man das nicht weiß, kann man die Genesis nur schwer verstehen: »Und Adam hieß sein Weib Eva, darum dass sie eine Mutter ist aller Lebendigen.« (Genesis Kap. 3, Vers 20) *Shabbat* bedeutet zum Beispiel im Hebräischen »aufhören«. Mit diesem Wort assoziiert man ein Innehalten, ebenso wie mit *lishbot,* das so viel heißt wie »aufhören zu arbeiten, streiken«. Aus den Übersetzungen wird nichts von all dem deutlich, es sei denn, man schreibt einen kurzen Kommentar zu jedem Wort. Diese Beispiele verdeutlichen die Einzigartigkeit der historischen Entwicklung des Hebräischen, einer Sprache, die zugleich alt und neu ist. Das jüdische Volk hat sich wirklich immer für das Überleben dieser Sprache eingesetzt. Seine frühe Geschichte ist gekennzeichnet durch Vertreibungen und Massaker, die Gegenwart durch einen andauernden Konflikt und zahlreiche Kriege. Aber diese Erschütterungen haben nie den Erhalt der Kultur und der Sprache verhindern können. Daher konnte Hebräisch, das im Wesentlichen dazu diente, die Kultur und Zivilisation des jüdischen Volkes weiterzutragen, in die tägliche Praxis integriert und so zu einer lebendigen Sprache werden.

Die hebräische Sprache ist so archaisch, dass einige sogar behaupten, sie sei die älteste gesprochene Sprache der Welt. Für die Gläubigen hat sich Gott in dieser Sprache an Moses gewandt. Wenn man sie studiert, erkennt man, dass sie aus zahlreichen historischen Schichten besteht, die man deutlich voneinander unterscheiden kann. Die ursprüngliche Sprachschicht ist die der Bibel. Sie ähnelt Sprachen, die heute weitestgehend verschwunden sind, wie etwa Gees – eine liturgische Sprache, die nur noch in Äthiopien gesprochen wird. Die zweite Schicht gehört zu einem späteren Zeitraum: Es ist das Hebräische des 2. Jahrhunderts, die so genannte Sprache der Mischna, die eine sehr viel deutlichere Entwicklung durchgemacht hat als die erste Sprachschicht, weil sie eine gesprochene Sprache war, während das Hebräisch aus der Bibel den Heiligen Schriften vorbehalten war. Hebräisch gehört zu den Sprachen, die man als »tot« bezeichnet hat, wie etwa Altgriechisch oder Latein. Aber diese tote Sprache ist dank der Schriften sehr lebendig geblieben und hat immer ein Volk zusammengehalten. Sie allein bildet das kollektive Gedächtnis aller Juden, die auf der ganzen Welt verstreut waren, denn sie war ihre Schriftsprache und die Sprache ihrer Religion, auch wenn diese Menschen die Sprache des Landes sprachen, in dem sie lebten, oder jüdische Sprachen wie Jiddisch oder Ladino. Dieses Paradox, dass Hebräisch gleichzeitig eine lebende und eine tote Sprache ist, macht die Kraft dieser Sprache aus, aber auch ihre Schwäche.

Es ist nicht verwunderlich, dass die Erneuerung der hebräischen Sprache der Gründung des Staates Israel vorausging. Es ist, als impliziere die Tatsache, dass man sich um Worte herum versammelt, dass man auch ein Land wiederfindet. Aber daraus ergab sich eine Schwierigkeit: Das alte Hebräisch, vom Volk niemals vergessen, war mit dem Heiligen gleichzusetzen. Man nannte es »die Sprache des Heiligen«, was zum Teil an das göttliche Wort angepasst war. Wie sollte man sich einer solchen Verantwortung im täglichen Leben stellen? Wie sollte man eine Verweltlichung akzeptieren, die manche als Entweihung bezeichneten? Der Konflikt zwischen den Geistlichen und denjenigen, die der Meinung waren, die Wiedergeburt des Staates müsse über die Belebung der Sprache verlaufen, war unausweichlich.

Ich muss immer an Ithamar Ben Avi denken. Da sein Vater ihn von den anderen Kindern abschirmte, die nicht Hebräisch sprachen, hatte er ihm einen Hund mitgebracht: »Aber mit ihm darfst du auch nur Hebräisch sprechen«, erklärte er seinem Sohn. »Wie der Hirte seine Schafe über den Schultern trägt, trug ich meinen jungen Hund und taufte ihn auf den hebräischen Namen Mahir, ›lebhaft‹. Lebhaft in der Bewegung und in seiner Art. [...] Er war für mich ein richtiger Freund: Er war treu und beschützte mich immer, wenn ich wieder versuchte, für ein paar Augenblicke auf die Straße zu entwischen.« Die fanatischen Gläubigen von Jerusalem provozierten das Kind, wenn es auf die Straße hinausging: Die Gläubigen, die Ithamar »den Sohn von Ben Jehud'ke, dem Ungläubigen« nannten, steinigten Mahir. »Ein arabischer Bauer brachte das tote Tier gegen eine kleine Belohnung ins Haus, und wir beerdigten den ›ersten hebräischen Hund‹ in unserem Hof von Sukkat Schalom (›Hütte des Friedens‹), der für die Verteidigung des ›ersten hebräischen Kindes‹ den Heldentod gestorben war.«

Ben Jehudas Hartnäckigkeit trug Früchte. Ithamar sprach ausschließlich Hebräisch. Er dachte sich neue Worte aus, wenn ihm im Alltag Ausdrücke fehlten. So erfand er zum Beispiel das Wort *sevivon* für Kreisel und zahlreiche andere Wörter, von deren erstaunlicher Entstehung die heutigen Kinder gar nichts ahnen. Auch die Erwachsenen, die später fließend Hebräisch sprachen, kennen meistens die Geschichte der seltsamen Koexistenz zwischen neueren Wörtern, die kaum hundert Jahre alt sind, und Ausdrücken, deren Ursprung Jahrtausende zurückliegt, nicht. Ben Jehudas Haus wurde eine Art Tempel für sein lebendiges Wörterbuch und eine wahre Fabrik, in der er neue Wörter kreierte, ausgehend von verwandten oder auch europäischen Sprachen. Oft war es Französisch, denn sowohl Ben Jehuda als auch sein Sohn waren eine Zeit lang in Frankreich aufgewachsen. So ist *buba* eine Nachbildung des französischen Wortes *›poupée‹* (Puppe). Ben Jehuda erfand auch neue Wörter, um bestimmte Begriffsumschreibungen zu ersetzen, die bis dahin gebräuchlich waren: *milon* (Wörterbuch) statt »Buch der Wörter«; *iton* (Tageszeitung) statt »Buch des Tages«; *schaon* (Armbanduhr) statt »Darstellung der Stunden« …

Die Einführung des Hebräischen als gewöhnliche Alltagssprache wurde außerdem dadurch erschwert, dass eine Reihe von Wörtern gar nicht existierten. Man konnte im Hebräischen keine Realitäten des 20. Jahrhunderts ausdrücken, die es früher nicht gab und für die man folglich auch nie eine Bezeichnung festgelegt hatte. Man musste zahlreiche neue Wörter zusammenstellen und in die Sprache integrieren. Die Bezeichnungen orientierten sich an den alten Texten. Um zum Beispiel in modernem Hebräisch von Elektrizität zu sprechen, benutzt man das Wort *haschmal*, einen Begriff, den der Prophet Ezechiel verwendet, als er seine Vision von einem Blitz beschreibt: »Und ich sah, und es war lichthell (*haschmal*), und inwendig war es gestaltet wie ein Feuer um und um. […] Gleich wie der Regenbogen steht in den Wolken, wenn es geregnet hat, also glänzte es um und um.« (Ezechiel Kap. 1, Verse 27 und 28)

Für »Streichholz« wählte man das Wort *gafrur*, nach *gofrit* (Schwefel), wie es in der Geschichte von Sodom und Gomorrha vorkommt: »Da ließ der Herr Schwefel und Feuer regnen von dem Herrn vom Himmel herab auf Sodom und Gommorrha.« (Genesis, Kap. 19, Vers 24) Das biblische Wort *tselem*, das »Bild« oder »Form« bedeutet, diente als

Ausgangsbasis für mehrere Bezeichnungen wie *letsalem* (fotografieren) oder *tsalmit* (»Icon« in der Informatik). Im Hebräischen gibt es vor allem Konsonanten. Vokale gibt es nicht immer, anders als im Französischen, wo Konsonanten und Vokale auf derselben Ebene erscheinen. Im Hebräischen beruht ein Wort auf einem Stamm, der drei Konsonanten enthält. Wenn man sie liest, kann man ihnen verschiedene Vokale zuordnen. So kann etwa der Stamm ts-l-m mindestens vier verschiedene Bedeutungen haben, je nachdem, welchen Vokal man einsetzt: *tselem* (Bild), *tsalam* (Fotografie), *tsilim* (hat fotografiert), *tsulam* (ist fotografiert worden).

Die Kabbala* beruht überwiegend auf dieser Möglichkeit, mit den Wortstämmen zu spielen. Sie hat Marc-Alain Ouaknin dazu inspiriert, das »Concert pour quatre consonnes sans voyelle« (Konzert für vier Konsonanten ohne Vokal) zu schreiben. Die Bibel liefert weiterhin Wörter, die sich ohne Weiteres für den modernen Sprachgebrauch eignen. Um ein tragbares Telefon zu bezeichnen, hat man die erste Silbe von Telefon durch das Wort *pele* ersetzt, das so viel bedeutet wie »Wunder«. Daraus wurde dann *pelefon*. Das hebräische Wort für »Knopf«, *kraftor*, womit zum Beispiel ein Knopf in einem Fahrstuhl gemeint ist, stammt aus der Beschreibung einer Tempeldekoration: »Aber der Schaft am Leuchter

---

* Jüdische Geheimlehre mit Buchstaben- und Zahlensymbolik (A.d.Ü.)

soll vier offene Schalen mit Knäufen und Blumen haben.« (2. Buch Mose, Kap. 25, Vers 34) Ein typisch hebräisches Wort ist *scherhol*, »der Verlust seiner Angehörigen«. Aus diesem Wortstamm hat man ein Adjektiv und ein Verb abgeleitet, das eine Familie bezeichnet, die Angehörige verloren hat. Der Wortstamm hat seinen Ursprung in der Bibel, wo eine Bärin beschrieben wird, die ihre Jungen verloren hat.

Die Wiedereinführung des Hebräischen als Alltagssprache ist ein Phänomen, das es in kaum einer anderen Sprache gegeben hat. Mehrere Faktoren spielten dabei eine Rolle. Einerseits mussten diejenigen, die neu im Lande Zions ankamen, eine gemeinsame Sprache lernen, andererseits empfanden sie eine Sehnsucht nach ihrer Geschichte, wie sie in der Bibel geschildert wird, und hatten das Bedürfnis, ihre neue Identität zu festigen. Die Schriftzeichen waren ihnen dank der jüdischen Sprachen, in denen zum größten Teil hebräische Buchstaben verwendet werden, nicht fremd. Daraus ergab sich ein recht ungewöhnliches Phänomen: Die Menschen, die ein Gebet lasen, lasen einen Text, den sie nicht unbedingt auch verstanden. Und diejenigen, die in ihren jüdischen Sprachen schrieben, verfügten über eine Schrift, die ihnen bei der Lektüre nicht half.

Ich stieß ein drittes Mal auf Ithamar Ben Avis Buch, als ich anfing, mich mit der Erforschung des Spracherwerbs zu beschäftigen. Jedes Kind, das seine Muttersprache lernt, bildet neue Wortschöpfungen, aber die Erwachsenen bemerken dies erst, wenn diese Wortschöpfungen nicht mehr der konventionellen Form entsprechen. Im Haus von Ithamar Ben Avi jedoch fabrizierten auch alle Erwachsenen neue Wörter, nicht nur die Kinder:

»Wie würdest du *la rose* [die Rose] bezeichnen?« fragte ihn meine Mutter.

– *Vered*, antwortete ihr mein Vater.

– Aber man sagte *schoschana*!

– Das war ein Fehler, erwiderte mein Vater lakonisch.

– Und *violette* [Veilchen]?

– *Segulit*, antwortete er ohne zu zögern.

– Und *papillon* [Schmetterling]?

– Parpar.

– Und statt *poupée* [Puppe]? Ich bin sicher, dass du dafür kein passendes Wort finden wirst.

– *Bouba*, antwortete er prompt, ebenso wie man *douba* von *dov* ableitet.«*

Meine Entscheidung, den Erwerb der hebräischen Sprache zu studieren, war – wie mir später bewusst wurde, als ich bereits Mutter war – meine Art, an der Geschichte des jüdischen Volkes Anteil zu haben, ohne direkt politisch aktiv werden zu müssen. Nach dem Jom-Kippur-Krieg hatte Raphi seine Berufstätigkeit als Chirurg wieder aufgenommen. Wie viele israelische Ärzte wollte er einige Jahre in

* Ben Avi, ebd. Französische Wörter nach Ben Avi.

Amerika verbringen. Dies galt schon fast als obligatorischer Bestandteil einer medizinischen Laufbahn, außerdem würde er gerade in Amerika seine Kenntnisse vervollkommnen können. Je öfter ich unsere erste Tochter beobachtete, desto klarer wurde mir, dass ich mich gern auf den Spracherwerb spezialisieren wollte. Da in Israel auf diesem Gebiet damals sehr wenig geforscht wurde, war es sehr verlockend, nach Amerika zu gehen und dort eine Doktorarbeit zu verfassen. Also zogen wir alle drei für einige Jahre nach Boston. Mein Mann und ich schrieben uns an der Harvard University ein. Raphi absolvierte eine weitere Facharztausbildung. Ich selbst schwankte zwischen einer rein linguistischen Ausbildung und angewandter Linguistik. Obwohl ich bis zu diesem Zeitpunkt nie vorgehabt hatte, eine pädagogische Laufbahn einzuschlagen, beschloss ich, an der pädagogischen Hochschule zu promovieren. Ich wollte etwas tun, außerdem war ich neugierig. Die Gründe für diese Wahl sind mir erst Jahre später klar geworden.

Bei der Abreise aus Israel war ich sicher, dass ich nicht mehr als drei Jahre brauchen würde, um wie eine Amerikanerin Englisch zu sprechen. Ich fragte mich dagegen, warum ich die arabische Sprache nicht ebenso leicht bewältigt hatte. Mir wurde klar, dass man einen Teil seiner Identität einbringen muss, wenn man eine Sprache wirklich beherrschen will. In Frankreich hatte ich versucht, meinen Namen zu verstecken; in den Vereinigten Staaten hatte ich keine Hemmungen, mich als Israelin zu erkennen zu geben, vielleicht auch, weil mein Familienname Walden meine Familienzugehörigkeit nicht »verriet«.

Das Studium und der Erwerb einer Sprache zielen nicht nur darauf ab, die unmittelbare Kommunikation zu erleichtern. Sprechen ist nicht nur ein Austausch von Worten, sondern auch von Gütern anderer Art, die die Worte gleichzeitig verbergen und preisgeben.

Ich beschloss, meine Zeit der Gründung eines zweisprachigen Zentrums für die Erforschung und Entwicklung neuer Methoden des modernen Sprachunterrichts zu widmen, und zwar für Hebräisch und Arabisch. Dieses Zentrum konnte erst 1986 eröffnet werden, fünf Jahre nach meiner Rückkehr nach Israel, so heftig waren die Widerstände, die ich überwinden musste. Viele Menschen waren der Ansicht, dass die hebräische Sprache nach wie vor bedroht war; außerdem verbarg sich hinter diesem Gefühl auch die Absicht, das Arabische zu übergehen. Es gelang mir schließlich, ein einsprachiges Institut aufzubauen, das sich auf den Schreib- und Leseunterricht kleiner Kinder spezialisierte. Hauptgedanke war dabei, benachteiligten Kindern die Einschulung zu erleichtern, indem man sie schon sehr früh in die gesprochene und geschriebene Sprache einführt. Im Laufe der folgenden Jahre hat das Zentrum seine Ideen verbreitet und Filialen im ganzen Land gegründet, im

Norden und im Süden. In einer kleinen Stadt, die mit zahlreichen sozialen Problemen zu kämpfen hatte (wie Jugendkriminalität und Drogenabhängigkeit), kümmerten wir uns um die Frühkindergärten und die Eltern der Kinder, die dort lernten. Nach drei Jahren waren die Kinder, die in den Kindergarten kamen, mit dem Lesen und Schreiben vertraut und sie wurden in der Schule immer erfolgreicher.

Die Tatsache, dass Israel ein kleines Land ist, dessen Größe in etwa einer französischen Provinz wie der Bretagne entspricht, ermöglicht natürlich, dass man innerhalb einer relativ kurzen Zeit klare Ergebnisse verzeichnen kann. Ideen können sehr viel schneller verbreitet werden. Andererseits schmerzt aber auch ein Misserfolg stärker als anderswo. In meinem Fall besteht der Misserfolg darin, dass es mir nicht gelungen ist, den Arabischunterricht einzuführen. Was diesen Punkt betrifft, ist es sehr bezeichnend, dass auch keines meiner drei Kinder Arabisch spricht. In meinem Umfeld verbindet man die arabische Sprache immer noch mit Gewalt und Attentaten. Was die Dinge noch komplizierter macht, ist, dass eine ganz besondere Beziehung zwischen dem literarischen Arabisch und den verschiedenen Dialekten besteht. Auf der anderen Seite sprechen die Araber aus unserem Bekanntenkreis alle ausgezeichnet Hebräisch.

So erstaunlich es sein mag: In Israel gibt es nur wenige Grundschulklassen, in denen sowohl jüdische als auch arabische Kinder unterrichtet werden. Sie befinden sich in Jaffa, Jerusalem und Galiläa. Es ist noch zu früh, um ihren Erfolg beurteilen zu können. Doch für mich als Optimistin ist dies ein erster Schritt, den ich mir schon lange gewünscht habe.

Meine Pläne, in Israel eine zweisprachige Schule aufzubauen, habe ich dennoch nicht aufgegeben. Man kann hier nicht mehr so weiterleben wie im Osmanischen Reich zu Anfang des 20. Jahrhunderts: Zahlreiche Gemeinschaften lebten damals nebeneinander, ohne einander zur Kenntnis zu nehmen und ohne die Sprache des Nachbarn zu verstehen. Innerhalb Israels wird Arabisch nur von einer Minderheit gesprochen, in der Region insgesamt jedoch von der Mehrheit. Wenn die Israelis die arabische Sprache beherrschten, könnten sie die Welt, die sie umgibt, besser verstehen. Der Graben, der Israelis und Araber trennt, hängt u.a. mit der Erziehung zusammen, die sie in ihrer jeweiligen Muttersprache erhalten. Als Muttersprache bezeichnet man normalerweise die erste Sprache, die ein Kind von seiner Mutter lernt. Israel heißt »das Gelobte Land« aufgrund des Versprechens, das Gott den Juden gegeben hat: »Da erschien der Herr dem Abraham und sprach: Deinem Samen will ich dies Land geben.« (Genesis Kap. 12, Vers 7)

Israel hat es geschafft, Hebräisch zu seiner Muttersprache zu machen. Ich nenne sie die *gelobte Sprache*. Es hat all seine Kräfte mobilisiert, um sie mit lauter Stimme zu sprechen. Jetzt muss es uns noch gelingen, aus dem Gelobten Land eine *Heimat* für all seine Kinder zu machen, indem wir unseren Nachbarn zuhören.

Widersprüche und Kompromisse

Epilog

Ich habe dieses Buch aus zwei Gründen geschrieben. Zum einen wollte ich versuchen, ein Rätsel zu lösen, das mich schon seit mehreren Jahren beunruhigt: Israel hat eine außerordentliche Leistung vollbracht, indem es die hebräische Sprache wieder zur Alltagssprache gemacht hat. Sie ist seitdem als Schriftsprache im gesamten jüdischen Staat verbreitet. Die Menschen, die sie sprechen, sind jedoch in der Minderheit, und Israel, das von arabischen Nachbarn umgeben ist, hat es noch nicht geschafft, seinen Platz innerhalb der Region zu finden. Wir haben den Boden erobert, das Wasser unter unsere Herrschaft gebracht und die Sonne in Bewegung gesetzt. Doch es ist uns noch nicht gelungen, auf unsere Nachbarn zu achten und uns ihnen gegenüber verständlich zu machen.

Zum anderen beunruhigt mich ein anderer Widerspruch. Die westeuropäischen Staaten neigen heute dazu, die Komplexität der politischen Situation in Israel nicht zu verstehen. Nach ihren Medien zu urteilen, wird Israel die Rolle des Aggressors zugeteilt und den Palästinensern die der Opfer. Ich wollte mit meiner persönlichen Darstellung der Geschichte ein Verständnis für die Entwicklung der Ideen wecken, das man aus dem gegenwärtigen Verlauf der Ereignisse nur schwer gewinnen kann. Ich hoffe, dass die westeuropäische Öffentlichkeit sich auf diese Weise eine differenziertere Meinung bilden kann.

Israel, das in meinem Herzen einen so großen Platz einnimmt, ist ein winziges Land. Ich sage immer, dass es wie ein »kleines Modell« ist. Man findet dort alles: eine Wüste, verschneites Gebirge, eine Meeresküste und einen Fluss, das Rote Meer und das Tote Meer. Diese Heterogenität findet ihr Echo in der Bevölkerung, die dort lebt, und die aus allen Himmelsrichtungen hierher gekommen ist. Israel ist ein sehr junger Staat, dennoch ist es Gegenstand einer bedeutenden Kontroverse. Es bezieht seine Kraft aus einem Buch, das in einer sehr alten Sprache geschrieben ist.

Und was ist ein Israeli, wenn nicht jemand, der dieses Land gewählt hat, weil es ihm versprochen wurde und weil er sich dafür entschieden hat? Die Bevölkerung Israels ist ein Mosaik aus verschiedenen Völkern: Arabern, Drusen, Beduinen und überzeugten Zionisten, nicht zu vergessen den zahlreichen Einwanderern, die aus aller Welt gekommen sind und uns seitdem begleiten. Wie soll man diese Gemeinschaften zusammenbringen? Wie die unvermeidlichen Gegensätze vereinen? Wie soll man all diese Stimmen zum Klingen bringen, ohne die reinste Katzenmusik zu erzeugen? Wie soll man sie zu einer harmonischen Polyphonie zusammenfügen?

Das Leben einer Frau zwischen Krieg und Frieden gibt – in Israel ebenso wie in Palästina – zahlreiche Fragen auf. Welches Land der Erde ist es wert, dass deshalb ein Kind oder die engsten Freunde ihr Leben geben müssen? Kann man leben, wenn man den Krieg als einziges Mittel der Konfliktbewältigung akzeptiert? Verfügen Frauen über besondere Gaben, diese Probleme zu lösen?

Ich habe mit diesem Buch begonnen, als die Friedensvereinbarungen in greifbarer Nähe waren. Seitdem waren wir in kurzer Zeit Zeugen schwerwiegender politischer Veränderungen: Ehud Barak, Vertreter der israelischen Linken und gewählter Ministerpräsident, musste nach nur zwanzig Monaten sein Amt aufgeben. Eine zweite Intifada fordert eine unglaubliche Zahl neuer Opfer. Die Palästinenser konnten trotz aller Enttäuschung und Verzweiflung der Gewalt keinen Einhalt gebieten. Die öffentliche Meinung in Israel hat sich gegen sie gerichtet, damit ist die Hoffnung auf einen baldigen Frieden wieder in weite Ferne gerückt.

Zur allgemeinen Überraschung – in Israel, wie auch in der übrigen Welt – ist Ariel Scharon, ein Mann der Rechten, der zur selben Generation gehört wie mein Vater, Ministerpräsident einer Regierung der nationalen Union geworden. Mein Vater hat das Amt des Außenministers angenommen und setzt seinen ganzen persönlichen Einfluss ein, damit die Region den zögernd eingeschlagenen Weg in Richtung Frieden weiterverfolgt. Wir befinden uns erneut an einem sehr kritischen Punkt. Die Selbstmordattentate mehren sich und haben bereits Hunderten israelischer Staatsbürger das Leben gekostet. Die Maßnahmen, die die israelische Armee zur Vorbeugung und Vergeltung trifft, fordern wiederum viele Opfer unter den Palästinensern und verursachen beträchtliche Sachschäden. Die öffentliche Meinung in der Welt scheint geneigt, sich gegen Israel zu wenden. Der Warenaustausch zwischen Israel und den Palästinensergebieten ist unterbrochen, die Ausgaben für die Verteidigung und den Krieg steigen immer weiter an. Die wirtschaftliche Situation verschlimmert sich auf beiden Seiten gravierend. Auf der israelischen Seite fordern immer mehr Menschen eine einseitige und totale Trennung der beiden Völker voneinander, und das in einer Situation, in der Israel den Bau einer Sicherheitsmauer bzw. eines Sicherheitszauns an der Grenze zum Westjordanland ankündigt. Statt genauer hinzuhören drängen wir die Stimmen hinter diese Mauer zurück.

Als Frau mit einer entschlossen optimistischen Einstellung bin ich der Meinung, dass beide Seiten einschneidende Kompromisse eingehen müssen, wenn die Widersprüche in unserer Region gelöst werden sollen.

Jede Geburt ist schließlich mit Schmerzen verbunden.

Danksagung

Ich danke vor allen anderen Raphi, dem wichtigsten Menschen in meinem Leben. Er ist der Vater meiner Kinder und ein Freund, der stets ein offenes Ohr hat. Ihm verdanke ich auch, dass die französische Sprache in unserem täglichen Leben immer präsent ist.*

Ich danke meinen Kindern, für deren Glück es sich lohnt, all unsere Kräfte aufzubringen und optimistisch zu bleiben.

Meiner Mutter danke ich, die in meinem Herzen immer gegenwärtig ist, auch wenn ich mich dafür entschieden habe, dieses Buch in einer Sprache zu schreiben, die ihr fremd ist.

Ich bedanke mich bei meinem Vater, der mir die Freude daran vermittelt, mich zu engagieren, und auch die Kraft dazu.

Mein Dank gilt meinen israelischen und französischen Freunden, Fanny und Gérard Akoun, Anny Dajan und Izio Rosenmann, Danielle Kriegel und

* Das Originalbuch erschien auf Französisch. (A.d.Ü.)

Charles Enderlin, Denis Charbit, David Mendelsohn und Claude Sitbon.

Schließlich danke ich dem Institut Beit Berl, einer Schule, in der die Weitergabe von Wissen und die Entwicklung neuer Gedanken eine Verbindung eingehen.

Ein ganz besonderes Dankeschön an Claire Blanche Benveniste, ohne die ich meine Stimme in der Schriftsprache nicht wiedergefunden hätte.

Chronik

1858 Geburt von Eliezer Ben Jehuda, dem Verfasser des ersten Wörterbuchs für Neuhebräisch, in Litauen
1859 In Odessa erscheint die erste hebräische Zeitung.
1860 Geburt von Theodor Herzl, dem Begründer der zionistischen Bewegung, in Budapest
1882 Erste Einwanderungswelle nach Palästina
1885 Geburt von Ithamar Ben Avi
1886 Geburt von David Ben Gurion, dem ersten israelischen Ministerpräsidenten, in Polen
1890 Gründung der Hebräischen Akademie
1894 Dreyfus-Affäre in Frankreich
1896 Theodor Herzl veröffentlicht *Der Judenstaat.*
1897 Erster zionistischer Kongress in Basel
1901 Das erste Wörterbuch für Neuhebräisch erscheint.
1909 Gründung von Tel Aviv, der ersten *hebräischen* Stadt
1910 Aufbau des ersten Kibbuz, Degania
1913 »Sprachenkrieg« im späteren Israel

1917 Die Balfour-Deklaration in London – Einrichtung eines jüdischen Forums in Palästina
1922 Hebräisch wird zur offiziellen Landessprache in Palästina, neben Englisch und Arabisch.
1925 Gründung der Hebräischen Universität in Jerusalem
1941–1945 Der Holocaust – Genozid an sechs Millionen Juden in Europa
1946 Das zweite Wörterbuch für Neuhebräisch erscheint.
1947 Die UNO beschließt die Teilung Palästinas in zwei Staaten – einen arabischen und einen jüdischen.
1948 Unabhängigkeitserklärung des Staates Israel; Unabhängigkeitskrieg
1950 Einwanderung hunderttausender Juden aus arabischen Ländern nach Israel
1956 Sinaifeldzug
1962 Eichmann-Prozess in Jerusalem
1967 Sechstagekrieg
1972 Ermordung israelischer Sportler bei den Olympischen Spielen in München
1973 Jom-Kippur-Krieg
1977 Besuch des ägyptischen Staatspräsidenten Sadat in Jerusalem
Friedensvertrag zwischen Israel und Ägypten
1982 Libanonkrieg
1984 Schimon Peres wird zum Ministerpräsidenten gewählt; die Armee zieht sich teilweise aus dem Libanon zurück.

1985	»Unternehmen Moses«: 7500 Juden kommen aus Äthiopien nach Israel.
1987	Beginn der Intifada, Aufstand der Palästinenser
1990	Massive Einwanderung von Juden aus der Sowjetunion
1991	Golfkrieg, vierzig irakische Raketen treffen Ziele in Israel.
1991	»Unternehmen Salomon«: 14400 Juden kommen aus Äthiopien nach Israel.
1993	Erste Vereinbarungen mit der PLO in Oslo Handschlag zwischen Rabin und Arafat im Weißen Haus
1994	Friedensvertrag mit Jordanien
1995	Verleihung des Friedensnobelpreises an Jassir Arafat, Jitzhak Rabin und Schimon Peres Jitzhak Rabin wird ermordet. Schimon Peres wird Regierungschef.
1996	Zahlreiche Selbstmordattentate: sechzig Tote in zwei Monaten Netanjahu gewinnt knapp die Wahlen.
1999	Ehud Barak wird Ministerpräsident.
2000	Beginn der zweiten Intifada, der so genannten Al-Aqsa-Intifada, und Rückzug der Armee aus dem Libanon
2001	
Feb.	Ariel Scharon wird zum Ministerpräsidenten gewählt, Schimon Peres zum Außenminister ernannt.

Juni Attentat im Tel Aviver Jugendklub Dolphinarium, 20 Tote
Intensive Gespräche zwischen Joschka Fischer und Jassir Arafat

Dez. Mord an Rechawam Seewi, dem israelischen Minister für Tourismus

2002

März Attentat in Netanja bei einer Pessach-Feier im Hotel »Park«, 26 Tote
Operation »Mauern« der israelischen Armee im Westjordanland

Juni Israel kündigt den Bau eines »Sicherheitszauns« an der Grenze zum Westjordanland an.

Literatur

Ben Avi, Ithamar: »Mémoires du premier enfant hébreu«, in: *La Renaissance de l'hébreu,* Desclée de Brouwer, Paris 1998

Ben Jehuda, Eliezer: »La rêve traversée«, in: *La Renaissance de l'hébreu,* Desclée de Brouwer, Paris 1998

Grossman, David: *Stichwort Liebe*, dtv, München 1994

Hadas-Lebel, Mireille: *L'Hébreu: 3000 ans d'histoire,* Albin Michel, Paris 1992

Hareven, Shulamith: *Stadt vieler Tage,* Suhrkamp, Frankfurt am Main 1996

Jehoschua, A.B.: *Pour une normalité juive,* Liana Levi, Paris 1992

Korczak, Janusz: *Le Poème pédagogique*

Leibowitz, Jeschajahu: *Judaïsme, peuple juif et État d'Israël,* Lattès, Paris 1985

Leibowitz, Jeschajahu: *Peuple, Terre, État*, Plon, Paris 1995

Ouaknin, Marc-Alain: *Le Livre brûlé,* Payot, Paris, 1989

Ouaknin, Marc-Alain: *Concerto pour quatre consonnes sans voyelle,* Payot, Paris 1998

Oz, Amos: *Les Voix d'Israël,* Calmann-Lévy, Paris 1984

Peres, Shimon (Schimon): *Zurück nach Israel. Eine Reise mit Theodor Herzl,* List, München 1998

Peres, Shimon (Schimon): *Shalom. Erinnerungen,* DVA, Stuttgart 1995

Yishar, Samech: *Geschichten von Krieg und Frieden,* Suhrkamp, Frankfurt am Main 1997

Karten

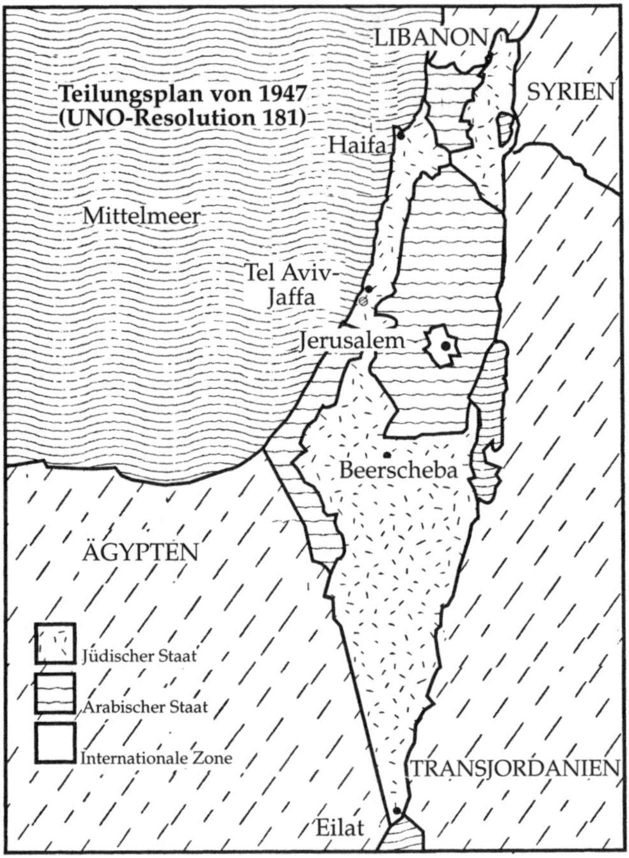
Teilungsplan von 1947
(UNO-Resolution 181)
LIBANON
SYRIEN
Haifa
Mittelmeer
Tel Aviv-
Jaffa
Jerusalem
Beerscheba
ÄGYPTEN
Jüdischer Staat
Arabischer Staat
Internationale Zone
TRANSJORDANIEN
Eilat

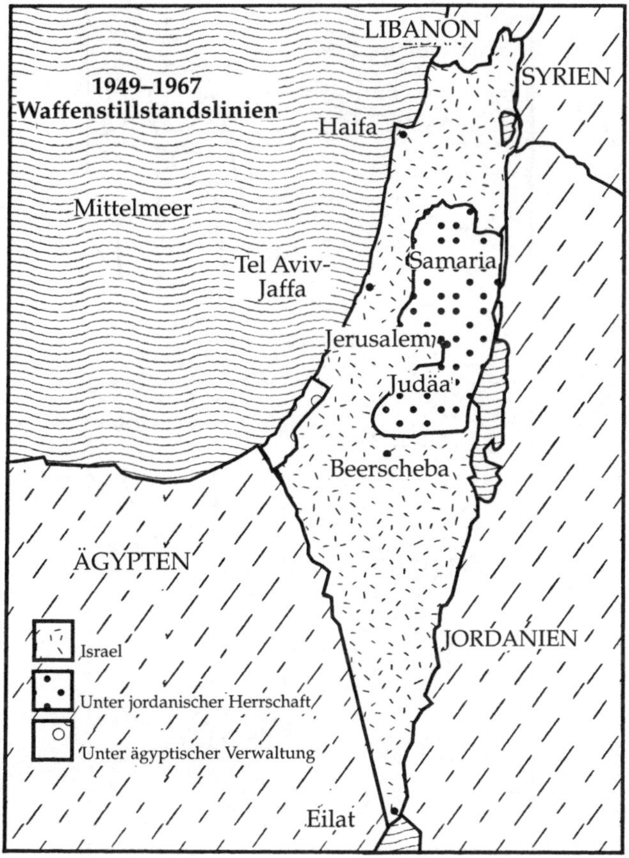
1949–1967
Waffenstillstandslinien
LIBANON
SYRIEN
Haifa
Mittelmeer
Tel Aviv-
Jaffa
Samaria
Jerusalem
Judäa
Beerscheba
ÄGYPTEN
JORDANIEN
Israel
Unter jordanischer Herrschaft
Unter ägyptischer Verwaltung
Eilat

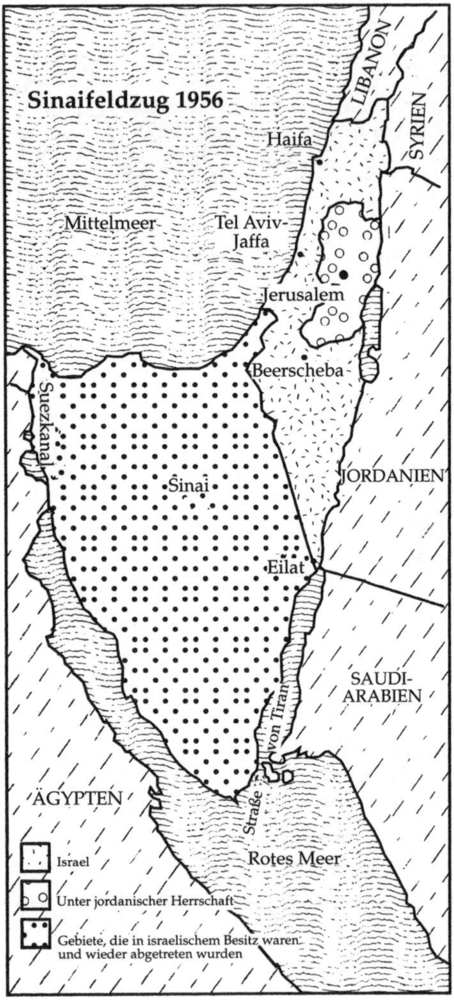
Sinaifeldzug 1956
LIBANON
SYRIEN
Haifa
Mittelmeer
Tel Aviv-
Jaffa
Jerusalem
Beerscheba
Suezkanal
JORDANIEN
Sinai
Eilat
SAUDI-
ARABIEN
von Tiran
Straße
ÄGYPTEN
Rotes Meer
Israel
Unter jordanischer Herrschaft
Gebiete, die in israelischem Besitz waren
und wieder abgetreten wurden

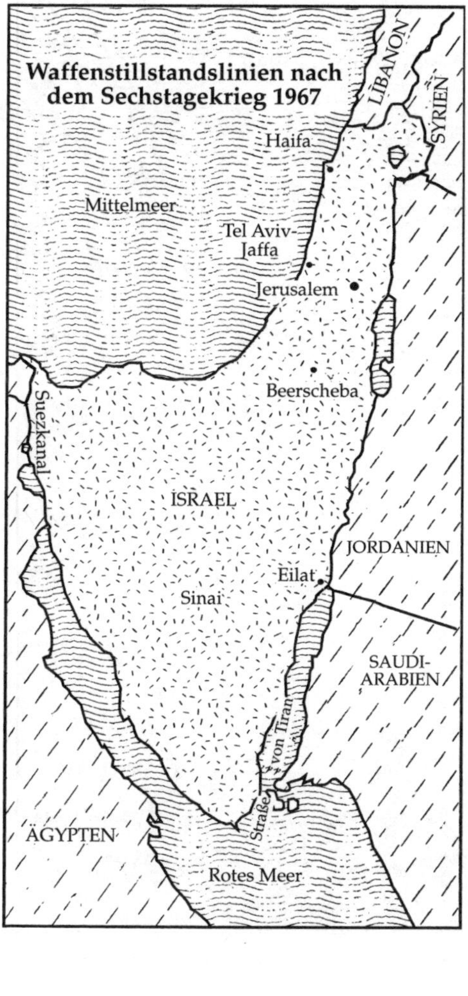
Waffenstillstandslinien nach dem Sechstagekrieg 1967
LIBANON
SYRIEN
Haifa
Mittelmeer
Tel Aviv-Jaffa
Jerusalem
Beerscheba
Suezkanal
ISRAEL
JORDANIEN
Eilat
Sinai
SAUDI-ARABIEN
Straße von Tiran
ÄGYPTEN
Rotes Meer

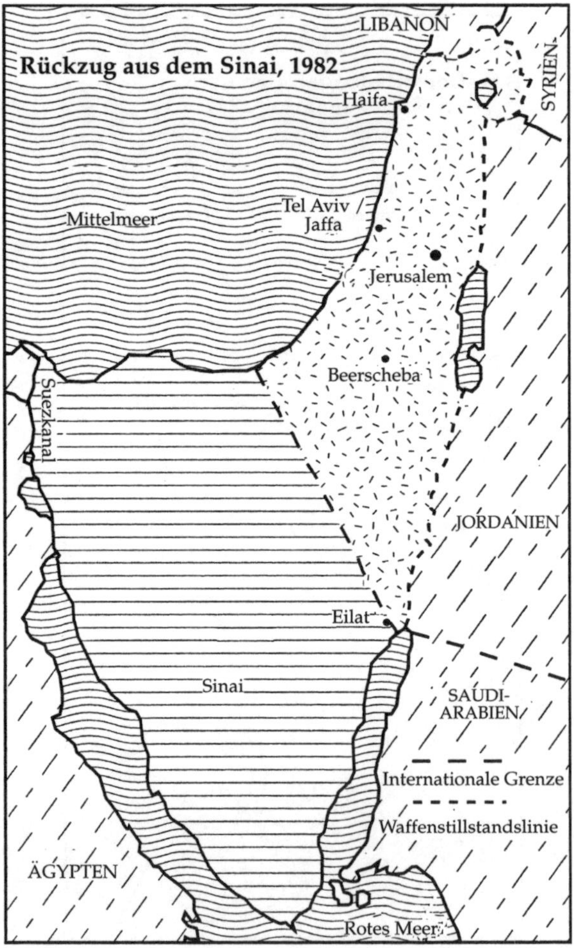
Rückzug aus dem Sinai, 1982
LIBANON
SYRIEN
Haifa
Mittelmeer
Tel Aviv /
Jaffa
Jerusalem
Beerscheba
Suezkanal
JORDANIEN
Eilat
Sinai
SAUDI-
ARABIEN
Internationale Grenze
Waffenstillstandslinie
ÄGYPTEN
Rotes Meer